Indice

7. Gestione dei Processi e Sincronizzazione nell'Hardware

- Supporto hardware per la gestione dei processi
- Sincronizzazione dei processi e gestione dei conflitti
- Controllo dei clock e coordinamento dei processi per una gestione efficiente

Parte 4: Processo di Avvio e Funzionamento di Ubuntu

8. Processo di Avvio del Computer e del Sistema Operativo

- Processo di boot: dal BIOS/UEFI al kernel
- Il ruolo di GRUB nell'avvio e selezione del sistema operativo
- Caricamento dei moduli del kernel e avvio dei servizi principali

9. Funzionamento Interno del Kernel di Ubuntu

- Interazione del kernel con hardware e software
- Sistemi di interrupt e gestione delle priorità dei processi
- Architettura monolitica del kernel Linux e vantaggi per Ubuntu

Parte 5: Comandi, Funzionalità e Strumenti in Ubuntu e Debian

10.Comandi Base di Ubuntu/Debian

- I 200 comandi base più usati: struttura, sintassi, esempi pratici
- Gestione file, networking, e controllo dei processi

11.Comandi Avanzati e Automazione con Script

- Introduzione ai comandi avanzati (400 selezionati)
- Ottimizzazione delle prestazioni e amministrazione di sistema
- Script di shell e automazione delle attività di sistema

12.Manutenzione e Gestione Avanzata del Sistema

- Comandi di manutenzione avanzata (800 comandi selezionati)
- Diagnosi e risoluzione dei problemi, sicurezza, backup e ottimizzazione
- Configurazioni avanzate ed esempi di script per la gestione automatizzata

Parte 6: Concetti Fondamentali dei Sistemi Operativi e Interfaccia Utente

13.Concetti di Base e Interfaccia Desktop

- Principi di gestione dei processi in Ubuntu e Debian
- Shell e interfaccia a riga di comando: utilizzo e gestione del sistema
- Sicurezza del file system e strutture di gestione

14.Gestione degli Spazi di Indirizzamento e File System

- Spazio degli indirizzi virtuale e protezione della memoria

Moderna Architettura dei Sistemi Operativi Ubuntu: Compatibilità con Architetture Intel e Approfondimenti Tecnici

- Sistemi di file supportati in Linux e Ubuntu
- Gestione dei permessi di file, sicurezza e pratiche di backup

15.**Protezione e Sicurezza del Sistema Operativo**

- Politiche di accesso e protezione dei dati sensibili
- Gestione delle credenziali e autenticazione utente
- Configurazioni di firewall, VPN e protezione della rete locale

Parte 7: Strumenti e Tecniche Avanzate di Manutenzione di Sistema

16.**Manutenzione di Sistema: Concetti e Pratiche Avanzate**

- Strategie di manutenzione preventiva e ottimizzazione risorse
- Aggiornamenti regolari, gestione delle patch e backup dei dati
- Ottimizzazione della memoria e risorse hardware per alte prestazioni

17.**Elenco Completo e Dettagliato dei Comandi di Manutenzione**

- 800 comandi avanzati con spiegazione dettagliata
- Diagnostica del sistema, monitoraggio, e risoluzione di problemi hardware e di rete
- Gestione dei pacchetti e delle configurazioni avanzate per la stabilità

18.**Visualizzazione della Struttura del Sistema con Diagrammi UML**

- Diagrammi di sequenza per illustrare il processo di boot
- Diagrammi di flusso per la gestione della memoria e dei processi
- Diagrammi di classe per rappresentare l'organizzazione dei processi nel kernel

Appendici

- **Appendice A: Guida Rapida ai Comandi di Ubuntu e Debian**

  - Riferimento rapido per comandi base e avanzati
  - Strumenti principali e utilità per la gestione quotidiana del sistema
- **Appendice B: Glossario dei Termini Tecnici**

  - Definizione dei termini principali utilizzati nel contesto di Ubuntu, Debian e Linux
  - Descrizioni brevi per concetti di architettura hardware e software
- **Appendice C: Risorse Aggiuntive e Letture Consigliate**

  - Elenco di risorse esterne per approfondire i concetti trattati
  - Libri e articoli di riferimento sull'architettura hardware e sui sistemi operativi

Moderna Architettura dei Sistemi Operativi Ubuntu: Compatibilità con Architetture Intel e Approfondimenti Tecnici

Introduzione ai Sistemi Operativi

Cos'è un Sistema Operativo?
Un sistema operativo (OS) è un software che agisce come intermediario tra l'utente e l'hardware del computer. Senza il sistema operativo, l'utente non potrebbe interagire con i dispositivi fisici del computer, come CPU, memoria e dispositivi di input/output. Il sistema operativo permette all'utente di eseguire programmi, gestire file, e svolgere altre operazioni fondamentali per l'utilizzo del computer.

In termini tecnici, il sistema operativo è composto da un insieme di programmi che gestiscono le risorse hardware e forniscono servizi essenziali alle applicazioni. Ad esempio, consente la gestione della memoria, il controllo dei processi, la gestione dei file e il supporto alla rete. Funzioni chiave del sistema operativo includono:
1. Gestione dei processi: Coordinazione e supervisione dell'esecuzione di programmi.
2. Gestione della memoria: Allocazione della memoria a programmi in esecuzione e ottimizzazione dell'uso della memoria RAM.
3. Gestione delle periferiche: Comunicazione tra il sistema operativo e dispositivi come tastiere, monitor e dischi.
4. Gestione dei file: Organizzazione e accesso ai dati sul disco.
5. Sicurezza e protezione: Controllo degli accessi e protezione dei dati.

Breve Storia dei Sistemi Operativi e la loro Evoluzione

La storia dei sistemi operativi inizia con i primi computer negli anni '50 e '60, quando non esistevano OS come li conosciamo oggi. I programmi venivano caricati manualmente, un processo complesso e costoso. Nel tempo, la crescente domanda di automazione e il progresso della tecnologia portarono allo sviluppo dei primi sistemi operativi.

- Anni '50 e '60: La generazione iniziale di sistemi operativi era primitiva e strettamente legata all'hardware specifico dei mainframe. IBM sviluppò alcuni dei primi OS, come il sistema operativo di controllo per mainframe, che consentiva il funzionamento di un singolo programma alla volta.

- Anni '70: L'introduzione di UNIX rappresenta una svolta, poiché UNIX era un sistema operativo multi-utente e multitasking. UNIX influenzò profondamente molti OS moderni, tra cui Linux. Gli anni '70 segnarono anche l'inizio del personal computer, con OS dedicati, come CP/M.

- Anni '80 e '90: Con l'avvento dei personal computer IBM, Microsoft sviluppò MS-DOS, che poi evolse in Windows. Apple introdusse i primi Macintosh con interfaccia grafica. Durante questi anni si diffondono anche OS a interfaccia grafica, che resero i computer più accessibili a utenti comuni.

- 2000 in poi: I sistemi operativi diventano sempre più complessi e multi-piattaforma. Linux, un OS open-source ispirato a UNIX, diventa popolare tra sviluppatori e aziende. Nel frattempo, i dispositivi mobili richiedono OS specifici come iOS e Android.

Panoramica sui Principali Sistemi Operativi
Oggi i sistemi operativi più diffusi includono:

Moderna Architettura dei Sistemi Operativi Ubuntu: Compatibilità con Architetture Intel e Approfondimenti Tecnici

1. Windows: Sviluppato da Microsoft, è l'OS più popolare per i PC. È noto per la sua interfaccia grafica e per il vasto supporto di applicazioni. Versioni come Windows 10 e Windows 11 offrono funzionalità avanzate per l'utente e il supporto a giochi e applicazioni aziendali.

2. macOS: È il sistema operativo di Apple per i computer Mac. macOS è noto per la sua sicurezza, stabilità, e design intuitivo. Basato su UNIX, offre un ambiente stabile e adatto per professionisti creativi.

3. Linux: Un sistema operativo open-source che offre una grande flessibilità e personalizzazione. Linux è popolare tra i programmatori, amministratori di sistema e aziende. È la base di molte distribuzioni, tra cui Ubuntu e Debian.

4. Android: Un OS mobile basato su Linux sviluppato da Google. Android domina il mercato degli smartphone grazie alla sua compatibilità con una vasta gamma di dispositivi.

5. iOS: Il sistema operativo di Apple per iPhone e iPad, noto per la sua fluidità e sicurezza. iOS è un sistema chiuso, che garantisce una maggiore protezione dei dati degli utenti.

Specificità dei Sistemi Operativi basati su Linux
I sistemi operativi basati su Linux si distinguono per il loro approccio open-source, che consente a chiunque di modificare, ridistribuire e personalizzare il codice. Linux offre alcune caratteristiche uniche rispetto a Windows e macOS:

1. Kernel modulare: Il kernel di Linux è progettato per essere modulare, consentendo di caricare e scaricare moduli del kernel come driver hardware senza riavviare il sistema. Questo permette un'elevata flessibilità.

2. Gestione dei permessi: Linux è progettato per essere un sistema multi-utente sicuro, grazie a una rigida gestione dei permessi che protegge i dati e i processi degli utenti.

3. File System: Linux supporta file system come ext4, XFS, e Btrfs, che offrono stabilità, sicurezza e funzioni avanzate come la compressione e il supporto di snapshot.

4. Distribuzioni multiple: A differenza di Windows e macOS, Linux ha diverse distribuzioni (distro) come Ubuntu, Debian, Fedora e Arch Linux, ognuna con configurazioni e obiettivi differenti. Questo dà agli utenti una libertà di scelta senza pari.

5. Comunità open-source: Linux è supportato da una vasta comunità che sviluppa, aggiorna e mantiene il software. Questo approccio collaborativo porta a un'evoluzione continua del sistema operativo.

Multitasking e Sicurezza nei Sistemi Linux
Una delle caratteristiche principali di Linux è la capacità di gestire il multitasking e la sicurezza:

- Multitasking: Linux è progettato per gestire più processi simultaneamente, un aspetto fondamentale per server e ambienti di sviluppo. Il kernel gestisce la memoria e la CPU per garantire che ogni processo riceva le risorse necessarie.

- Sicurezza: Linux implementa meccanismi di sicurezza avanzati, come SELinux (Security-Enhanced Linux), che applica politiche di accesso strette. Grazie al suo design modulare e alla gestione dei permessi, Linux è meno vulnerabile ai virus rispetto ai sistemi Windows.

Ubuntu e la Famiglia Debian
Ubuntu è una delle distribuzioni Linux più popolari, derivata da Debian. Debian è noto per la sua stabilità e sicurezza, ed è molto utilizzato in ambito server e desktop.

1. Stabilità e Sicurezza: Ubuntu eredita da Debian la stabilità e una rigorosa gestione dei pacchetti, il che lo rende affidabile per l'uso quotidiano e professionale.

2. Facilità d'uso: Ubuntu è progettato per essere user-friendly, con un'interfaccia grafica intuitiva e una vasta documentazione. È una scelta ideale per chi si avvicina per la prima volta al mondo Linux.

3. Applicazioni di Ubuntu: Ubuntu offre tre principali versioni: Desktop, per l'uso comune; Server, ottimizzato per le applicazioni server senza interfaccia grafica; e Core per l'Internet of Things (IoT), che è una versione ridotta e sicura per dispositivi con risorse limitate.

Compatibilità e Differenze con altre Distribuzioni
Rispetto ad altre distribuzioni, Ubuntu si distingue per il suo ciclo di rilascio regolare e il supporto a lungo termine (LTS). Ogni versione LTS di Ubuntu riceve supporto per cinque anni, rendendolo ideale per ambienti produttivi. A differenza di altre distribuzioni rolling release, come Arch Linux, Ubuntu preferisce aggiornamenti stabili e testati.

Ubuntu si integra bene con molte applicazioni open-source, e il suo gestore di pacchetti (APT) semplifica l'installazione e la gestione del software. Con una vasta comunità di supporto e documentazione, è una delle distro più accessibili.

Conclusione
I sistemi operativi rappresentano il cuore del funzionamento di qualsiasi dispositivo elettronico moderno, dai computer desktop ai server fino agli smartphone. Windows, macOS, Linux, Android e iOS offrono esperienze uniche, progettate per rispondere a esigenze specifiche degli utenti. Tra questi, Linux e le sue distribuzioni, come Ubuntu, offrono un'alternativa open-source affidabile e versatile, che soddisfa le esigenze di sviluppatori, amministratori di sistema e utenti comuni. Ubuntu, grazie alla sua derivazione da Debian e alle sue caratteristiche di stabilità, sicurezza e facilità d'uso, rappresenta una scelta ideale per chi cerca un sistema Linux semplice da usare ma potente.

Parte 2: Architettura di Sistema in Ubuntu

3. Struttura dell'Architettura di Ubuntu

Moderna Architettura dei Sistemi Operativi Ubuntu: Compatibilità con Architetture Intel e Approfondimenti Tecnici

Parte 1: Introduzione ai Sistemi Operativi e alla Famiglia Debian

Un sistema operativo (SO) è il software che funge da intermediario tra l'hardware e il software di un computer, gestendo risorse come CPU, memoria e dispositivi di input/output, e fornendo un ambiente dove applicazioni e programmi possono operare. La sua funzione principale è quella di coordinare le attività tra hardware e software, rendendo il sistema efficiente e utilizzabile per l'utente. Con il tempo, i sistemi operativi sono evoluti da semplici programmi che consentivano il calcolo e l'esecuzione sequenziale di comandi, fino a diventare piattaforme sofisticate capaci di multitasking e gestione avanzata delle risorse, con interfacce user-friendly.

I sistemi operativi oggi includono Windows, macOS, Linux e Android, ciascuno con caratteristiche distintive che rispondono a esigenze diverse. Windows, il sistema operativo di Microsoft, è conosciuto per la sua ampia compatibilità con software commerciale e hardware. macOS di Apple, invece, è rinomato per la sua interfaccia intuitiva e integrazione hardware-software, orientata alla produttività creativa e alla stabilità. Linux, invece, è noto per la sua flessibilità, sicurezza e l'approccio open source, rendendolo ideale per server, supercomputer, e utenti che desiderano personalizzazione. Infine, Android, basato su kernel Linux, è progettato per dispositivi mobili ed è il sistema operativo dominante su smartphone.

All'interno della famiglia Linux, Debian è una delle distribuzioni più stabili e affidabili. È nota per la sua sicurezza e per il sistema di gestione dei pacchetti basato su APT, che consente un'installazione e un aggiornamento efficiente dei software. Ubuntu, derivato da Debian, è oggi una delle distribuzioni Linux più popolari grazie alla sua semplicità e accessibilità, ideale per utenti di tutti i livelli. Ubuntu offre diverse edizioni, da quelle per uso desktop a quelle per server, oltre a versioni specifiche per IoT e cloud computing, il che lo rende estremamente versatile.

Parte 2: Architettura di Sistema in Ubuntu

L'architettura di sistema di Ubuntu si basa sul kernel Linux, che rappresenta il nucleo del sistema operativo. Il kernel gestisce i processi e la memoria, permettendo il multitasking e l'isolamento dei processi per la sicurezza. La gestione dei moduli e dei driver consente al kernel di adattarsi dinamicamente a diverse configurazioni hardware, consentendo un'ampia compatibilità con dispositivi differenti.

Ubuntu, come gli altri sistemi operativi basati su Linux, opera su più livelli. Il kernel comunica con l'hardware, mentre le applicazioni operano nello spazio utente. Lo spazio utente contiene il file system, in cui il formato ext4 è tra i più comuni, grazie alla sua stabilità e gestione avanzata della memoria. Altri file system come XFS e Btrfs possono essere utilizzati per esigenze specifiche, come sistemi server o ambienti che richiedono snapshot dei dati. La sicurezza del sistema è rafforzata dalla separazione tra spazio kernel e spazio utente, che limita l'accesso diretto alle risorse hardware e riduce il rischio di interferenze indesiderate.

Parte 3: Architettura Hardware Intel e Integrazione con Ubuntu

I processori Intel hanno una lunga storia, iniziando con il 4004, il primo microprocessore commerciale. Con l'evoluzione delle generazioni, Intel ha sviluppato architetture come x86 e x64, che hanno portato miglioramenti in termini di velocità, efficienza e potenza di elaborazione. I processori di ultima generazione, come quelli della famiglia i9, integrano funzioni avanzate come Hyper-Threading, Turbo Boost, e Advanced Vector Extensions (AVX), che aumentano le prestazioni per calcoli complessi, elaborazione multimediale, e applicazioni scientifiche.

L'architettura di Von Neumann, su cui sono basati i processori moderni, definisce un modello in cui la CPU, la memoria e i dispositivi di I/O operano attraverso un'unità di controllo comune. Nei sistemi basati su Linux, questa architettura consente una gestione efficiente dei processi e una sincronizzazione ottimale, grazie anche al controllo dei clock e alla gestione dei conflitti che permettono di utilizzare in modo ottimale le risorse del sistema.

Parte 4: Processo di Avvio e Funzionamento di Ubuntu

Il processo di avvio di Ubuntu inizia dal BIOS o UEFI, che verifica e inizializza l'hardware del sistema. Il GRUB (Grand Unified Bootloader) gestisce quindi la selezione del sistema operativo e avvia il caricamento del kernel Linux. Durante l'avvio, il kernel carica i moduli necessari e avvia i servizi fondamentali per il funzionamento del sistema. Una volta che il sistema operativo è attivo, il kernel coordina la comunicazione tra hardware e software, gestendo interrupt e priorità dei processi per garantire fluidità e affidabilità.

Ubuntu utilizza un kernel monolitico, una caratteristica che gli consente di eseguire gran parte delle operazioni direttamente nel kernel, riducendo il numero di chiamate di sistema e migliorando la velocità e l'efficienza.

Parte 5: Comandi, Funzionalità e Strumenti in Ubuntu e Debian

La gestione del sistema su Ubuntu e Debian si basa su un insieme di comandi essenziali per operazioni come la gestione dei file, la rete e il controllo dei processi. Questi comandi includono quelli di base, che permettono di spostarsi tra le directory, manipolare i file e monitorare i processi. Esistono poi **comandi avanzati** per l'automazione, come script di shell, che permettono di svolgere operazioni complesse in modo rapido ed efficiente. Ubuntu e Debian offrono circa 800 comandi per la gestione avanzata, compresi quelli per la diagnostica, la sicurezza e il backup del sistema.

Parte 6: Concetti Fondamentali dei Sistemi Operativi e Interfaccia Utente

Ubuntu e Debian sono sistemi orientati alla gestione dei processi e all'uso della **shell** come interfaccia a riga di comando, il che permette un controllo preciso del sistema. La sicurezza nel file system è garantita dall'uso di permessi di accesso che impediscono modifiche non autorizzate. La gestione dello **spazio di indirizzamento virtuale** e dei **file system** offre un ambiente sicuro e protetto, con backup e tecniche di protezione dei dati che assicurano la stabilità del sistema.

Parte 7: Strumenti e Tecniche Avanzate di Manutenzione di Sistema

Per mantenere il sistema stabile e performante, Ubuntu e Debian offrono strumenti di manutenzione avanzata. Questi includono tecniche di prevenzione, gestione delle patch e aggiornamenti, backup regolari, e ottimizzazione delle risorse. La diagnostica e la risoluzione di problemi hardware o di rete sono essenziali per la stabilità a lungo termine, e possono essere gestiti tramite oltre 800 comandi avanzati di manutenzione. Diagrammi UML, come quelli di sequenza e di flusso, aiutano a visualizzare il funzionamento del sistema operativo e facilitano la comprensione dei processi interni e della gestione della memoria nel kernel.

Il Kernel Linux: un nucleo stabile per i sistemi operativi

Il **kernel Linux** è il cuore di Ubuntu e di molti altri sistemi operativi basati su Linux. Si tratta di un componente software fondamentale che gestisce le interazioni tra l'hardware del computer e il software applicativo. Il kernel è responsabile di una serie di funzioni cruciali, tra cui la gestione della memoria, la gestione dei processi, il controllo dei dispositivi e la gestione delle chiamate di sistema.

3.1. Caratteristiche principali del Kernel

1. **Modularità**: Il kernel Linux è progettato per essere modulare, il che significa che è composto da vari moduli caricabili. Questo consente agli utenti di aggiungere o rimuovere funzionalità senza dover riavviare il sistema, migliorando così l'efficienza e la versatilità.

2. **Stabilità**: Il kernel Linux è noto per la sua stabilità e affidabilità. Grazie a un rigoroso processo di sviluppo e test, i rilasci del kernel tendono a essere molto stabili, rendendo Ubuntu una scelta popolare per server e desktop.

Moderna Architettura dei Sistemi Operativi Ubuntu: Compatibilità con Architetture Intel e Approfondimenti Tecnici

3. **Supporto per hardware**: Il kernel supporta un'ampia gamma di hardware, dai computer desktop ai server, ai dispositivi embedded. La capacità di gestire diversi driver hardware consente a Ubuntu di funzionare su vari dispositivi senza problemi di compatibilità.

4. **Sicurezza**: Il kernel include molte funzionalità di sicurezza, tra cui controlli di accesso e meccanismi di isolamento, che aiutano a proteggere il sistema da attacchi esterni e vulnerabilità.

5. **Gestione delle risorse**: Il kernel è responsabile della gestione delle risorse del sistema, assicurandosi che le applicazioni e i processi ottengano l'accesso equo alle risorse disponibili, come CPU, memoria e dispositivi di I/O.

Gestione dei processi e della memoria in Ubuntu

3.2. Gestione dei processi

La gestione dei processi è una delle funzioni più importanti del kernel Linux. Il kernel gestisce la creazione, la pianificazione e la terminazione dei processi.

1. **Creazione dei processi**: In Ubuntu, i processi possono essere creati utilizzando il sistema di chiamate `fork()`, che crea un duplicato del processo chiamante. Questo processo duplicato, noto come "processo figlio", può eseguire codice diverso dal processo genitore.

2. **Scheduling dei processi**: Il kernel utilizza algoritmi di scheduling per decidere quale processo deve essere eseguito in un dato momento. L'algoritmo CFS (Completely Fair Scheduler) è il più comune, progettato per fornire a ciascun processo una porzione equa di tempo CPU.

3. **Terminazione dei processi**: Quando un processo ha completato la sua esecuzione, il kernel gestisce la sua terminazione, liberando le risorse associate e informando eventuali processi in attesa che il processo terminato ha concluso la sua esecuzione.

3.3. Gestione della memoria

La gestione della memoria è un'altra funzione cruciale del kernel. Ubuntu utilizza un sistema di memoria virtuale, che consente di utilizzare più memoria di quella fisicamente disponibile sul sistema.

1. **Paginazione**: La memoria virtuale è suddivisa in pagine di dimensioni fisse. Quando un processo richiede più memoria, il kernel può caricare pagine dalla memoria secondaria (ad esempio, disco rigido) nella memoria RAM, permettendo così ai processi di accedere a più memoria di quella fisicamente disponibile.

2. **Segmentazione**: La segmentazione divide la memoria in segmenti di dimensioni variabili, ognuno dei quali può contenere dati o codice. Questo approccio è utile per gestire processi che richiedono spazi di memoria diversi.

3. **Swapping**: Se la memoria RAM è piena, il kernel può spostare alcune pagine di dati nella memoria secondaria, un processo noto come swapping. Questo libera spazio in RAM per nuovi processi o per i processi esistenti che richiedono più memoria.

Sincronizzazione dei processi e gestione delle risorse

3.4. Sincronizzazione dei processi

La sincronizzazione è fondamentale per garantire che i processi possano condividere risorse senza conflitti. In Ubuntu, diversi meccanismi di sincronizzazione sono utilizzati per gestire l'accesso concorrente alle risorse.

1. **Mutex**: Un mutex (mutual exclusion) è un oggetto di sincronizzazione che consente solo a un processo alla volta di accedere a una risorsa condivisa. Quando un processo desidera accedere a una risorsa protetta da un mutex, deve "bloccare" il mutex; altri processi che cercano di accedere alla risorsa devono attendere fino a quando il mutex viene "sbloccato".

2. **Semafori**: I semafori sono un altro meccanismo di sincronizzazione che permette di controllare l'accesso a una risorsa condivisa. Possono essere utilizzati per gestire più accessi simultanei a una risorsa limitata.

3. **Monitor**: I monitor sono una combinazione di mutex e variabili di condizione, che consentono una sincronizzazione più complessa tra i processi, facilitando la comunicazione e la gestione dell'accesso alle risorse.

3.5. Gestione delle risorse

La gestione delle risorse è essenziale per garantire che tutte le applicazioni in esecuzione su Ubuntu possano funzionare in modo fluido e senza conflitti. Il kernel utilizza algoritmi per allocare risorse come CPU, memoria e dispositivi di I/O in modo equo tra i vari processi.

1. **Allocazione della CPU**: L'algoritmo di scheduling decide quale processo eseguirà la CPU in un dato momento, bilanciando le esigenze di tutti i processi in esecuzione.

2. **Allocazione della memoria**: Quando un processo richiede memoria, il kernel decide se può fornirla in base alla disponibilità di memoria fisica e virtuale.

3. **Gestione dei dispositivi di I/O**: I driver nel kernel gestiscono la comunicazione con i dispositivi di I/O, coordinando l'accesso a dispositivi come dischi rigidi, stampanti e reti.

Panoramica sui moduli del kernel, driver e comunicazione con l'hardware

3.6. Moduli del kernel

I **moduli del kernel** sono componenti del kernel che possono essere caricati e scaricati dinamicamente, consentendo una maggiore flessibilità nella gestione delle funzionalità del sistema. Questa architettura modulare consente a Ubuntu di supportare una vasta gamma di dispositivi e configurazioni hardware.

1. **Caricamento dei moduli**: I moduli possono essere caricati nel kernel usando comandi come `modprobe` o `insmod`. Ciò consente di aggiungere funzionalità, come il supporto per nuovi dispositivi hardware, senza dover riavviare il sistema.

2. **Rimozione dei moduli**: Analogamente, i moduli possono essere rimossi dal kernel quando non sono più necessari, liberando risorse di sistema.

3. **Gestione dei conflitti**: Il sistema gestisce automaticamente i conflitti tra moduli, garantendo che le funzionalità non siano sovrapposte o in conflitto tra loro.

3.7. Driver e comunicazione con l'hardware

I **driver** sono un tipo specifico di modulo del kernel, progettati per consentire al kernel di comunicare con l'hardware del computer.

1. **Driver di dispositivo**: Ogni dispositivo hardware richiede un driver specifico che traduce le richieste del kernel in comandi comprensibili dal dispositivo. Ad esempio, un driver di rete traduce le chiamate del kernel in segnali che una scheda di rete può elaborare.

2. **Interfaccia di comunicazione**: Il kernel utilizza interfacce di programmazione come le chiamate di sistema per consentire ai programmi di interagire con i driver, permettendo loro di inviare e ricevere dati dai dispositivi.

3. **Aggiornamenti dei driver**: I driver possono essere aggiornati indipendentemente dal kernel, il che consente di migliorare le prestazioni e la compatibilità con nuovi hardware senza modificare il kernel stesso.

4. Livelli del Sistema Operativo

Strato dell'hardware e interfaccia con il kernel

4.1. Architettura a livelli

L'architettura di Ubuntu è organizzata in **livelli**, con l'hardware fisico alla base e il kernel immediatamente sopra di esso. Questa struttura a livelli consente di isolare le funzionalità e semplificare l'interazione tra hardware e software.

1. **Hardware fisico**: Comprende tutti i componenti fisici del computer, come CPU, RAM, dischi rigidi, schede madri e dispositivi di I/O. Questa è la base su cui opera l'intero sistema.

2. **Kernel**: Funziona come un intermediario tra l'hardware e le applicazioni, gestendo tutte le interazioni con il sistema operativo.

3. **Spazio utente**: Al di sopra del kernel si trova lo spazio utente, dove vengono eseguite le applicazioni e i programmi. Questo strato include anche le librerie e le API che le applicazioni utilizzano per interagire con il kernel.

Moderna Architettura dei Sistemi Operativi Ubuntu: Compatibilità con Architetture Intel e Approfondimenti Tecnici

4.2. Interfaccia di programmazione del kernel (KPI)

L'**interfaccia di programmazione del kernel** fornisce un modo standardizzato per le applicazioni di comunicare con il kernel. Le applicazioni utilizzano chiamate di sistema per richiedere servizi dal kernel, come l'accesso alla memoria o la comunicazione con i dispositivi di I/O.

1. **Chiamate di sistema**: Queste sono le funzioni che le applicazioni utilizzano per richiedere servizi dal kernel. Le chiamate di sistema sono essenziali per la comunicazione tra spazio utente e spazio kernel.

2. **API del kernel**: L'API del kernel fornisce un insieme di funzioni che le applicazioni possono utilizzare per accedere alle funzionalità del kernel, come la gestione della memoria e la comunicazione con i dispositivi.

3. **Documentazione**: La documentazione delle chiamate di sistema e delle API è fondamentale per gli sviluppatori, poiché fornisce informazioni su come utilizzare correttamente le funzionalità del kernel.

Sistema di file e gestione delle informazioni

4.3. Sistema di file in Ubuntu

Il sistema di file è una parte essenziale di qualsiasi sistema operativo, e Ubuntu utilizza una struttura di file gerarchica per organizzare e gestire i dati.

1. **Struttura gerarchica**: I file sono organizzati in directory (o cartelle), creando una struttura a livelli che facilita l'accesso e la gestione dei file. La directory principale è rappresentata da /, e tutte le altre directory si ramificano da essa.

2. **Tipi di file**: Ubuntu supporta diversi tipi di file, inclusi file di testo, eseguibili, file di configurazione e file di sistema. Ogni tipo di file ha attributi e permessi specifici che controllano chi può accedere e modificare il file.

3. **Gestione dei permessi**: Ubuntu implementa un sistema di permessi basato su utenti e gruppi, che controlla l'accesso ai file e alle directory. Ogni file ha un proprietario, e i permessi possono essere impostati per il proprietario, il gruppo e altri utenti.

Gestione dei pacchetti e software

4.4. Gestione dei pacchetti in Ubuntu

La gestione dei pacchetti è fondamentale per installare, aggiornare e rimuovere software su Ubuntu. Il sistema di gestione dei pacchetti APT (Advanced Package Tool) è ampiamente utilizzato per queste operazioni.

1. **Repository di pacchetti**: Ubuntu utilizza repository di pacchetti online, che contengono software precompilato e aggiornato. Gli utenti possono installare software direttamente dai repository, garantendo che stiano utilizzando versioni compatibili e sicure.

2. **Comandi APT**: Gli utenti possono utilizzare comandi come `apt-get` e `apt` per installare, aggiornare e rimuovere pacchetti. Questi comandi gestiscono automaticamente le dipendenze, assicurando che tutti i pacchetti necessari siano installati.

3. **Interfacce grafiche**: Oltre ai comandi della riga di comando, Ubuntu offre anche interfacce grafiche come il "Software Center", che semplificano la gestione dei pacchetti per gli utenti meno esperti.

Applicazioni e servizi in esecuzione

4.5. Applicazioni in Ubuntu

Le applicazioni su Ubuntu possono variare da semplici strumenti di produttività a complessi server web. La gestione delle applicazioni è facilitata dall'architettura del sistema operativo e dal kernel.

1. **Applicazioni GUI e CLI**: Ubuntu supporta sia applicazioni con interfaccia grafica (GUI) che applicazioni da riga di comando (CLI). Questo consente agli utenti di scegliere l'interfaccia che preferiscono per le loro esigenze.

2. **Servizi di sistema**: Molte applicazioni in esecuzione su Ubuntu operano come servizi di sistema, che possono essere avviati e gestiti tramite il sistema di init (ad esempio, systemd). Questi servizi possono funzionare in background e gestire varie funzionalità, come server web e database.

3. **Applicazioni open-source**: Ubuntu è noto per la sua vasta gamma di applicazioni open-source, che sono disponibili per l'installazione e l'uso gratuito. Questo contribuisce alla comunità e all'ecosistema di sviluppo.

4. Architettura del sistema operativo Ubuntu

4.1. Kernel di Ubuntu

Che cos'è il kernel?

Il kernel è il cuore del sistema operativo, responsabile della gestione delle risorse hardware e della comunicazione tra il software e l'hardware. In Ubuntu, il kernel Linux è il componente centrale che gestisce processi, memoria, file system e dispositivi.

Funzioni principali del kernel

- **Gestione dei processi**: Il kernel gestisce l'esecuzione dei processi, garantendo che ciascuno di essi riceva il tempo di CPU necessario. Utilizza algoritmi di scheduling per ottimizzare l'uso della CPU.
- **Gestione della memoria**: Il kernel gestisce la memoria RAM, allocando spazio ai processi e garantendo che non ci siano conflitti di accesso. Utilizza tecniche come la paginazione e la segmentazione per una gestione efficiente.

- **Gestione dei dispositivi**: Il kernel comunica con i dispositivi hardware tramite driver, che sono moduli software che permettono al kernel di interagire con l'hardware. Questo include dispositivi come stampanti, schede di rete e dischi rigidi.
- **Gestione del file system**: Il kernel gestisce l'accesso ai file e alle directory, mantenendo la coerenza dei dati e gestendo le operazioni di lettura e scrittura.

Interfaccia di programmazione del kernel (KPI)

L'interfaccia di programmazione del kernel consente alle applicazioni di interagire con il kernel tramite chiamate di sistema. Le applicazioni utilizzano queste chiamate per richiedere servizi come l'accesso alla rete, l'allocazione della memoria e l'accesso ai file.

- **Chiamate di sistema**: Sono le funzioni tramite le quali le applicazioni richiedono servizi al kernel. Ad esempio, la chiamata di sistema `open()` viene utilizzata per aprire un file.
- **API del kernel**: Il kernel fornisce un set di API che semplificano l'interazione con le sue funzionalità, come la gestione della memoria e l'interazione con i dispositivi.
- **Documentazione**: Una documentazione dettagliata delle chiamate di sistema e delle API è essenziale per gli sviluppatori, in quanto consente loro di comprendere come utilizzare correttamente le funzionalità del kernel.

4.2. Sistema di file e gestione delle informazioni

Sistema di file in Ubuntu

Il sistema di file in Ubuntu è organizzato in una struttura gerarchica che facilita l'accesso e la gestione dei dati.

- **Struttura gerarchica**: Inizia dalla directory principale (`/`), da cui si ramificano altre directory come `/home` (dove risiedono le cartelle utente), `/etc` (file di configurazione), e `/usr` (software e librerie).
- **Tipi di file**: Ubuntu supporta vari tipi di file, ognuno con attributi specifici, come file di testo, file binari eseguibili e file di configurazione.
- **Gestione dei permessi**: Utilizza un sistema di permessi per controllare l'accesso ai file, assegnando diritti distinti a proprietari, gruppi e altri utenti. Ogni file ha un proprietario e può avere permessi di lettura, scrittura ed esecuzione.

4.3. Gestione dei pacchetti in Ubuntu

Sistema di gestione dei pacchetti APT

APT (Advanced Package Tool) è uno strumento potente che facilita l'installazione, l'aggiornamento e la rimozione di software su Ubuntu.

- **Repository di pacchetti**: I pacchetti software sono conservati in repository online, accessibili tramite APT. Gli utenti possono installare software con un semplice comando, che gestisce automaticamente le dipendenze.
- **Comandi APT**:

- `apt-get install <nome-pacchetto>`: per installare un pacchetto.
- `apt-get update`: per aggiornare l'elenco dei pacchetti disponibili.
- `apt-get upgrade`: per aggiornare i pacchetti installati.
- **Interfacce grafiche**: Il "Software Center" di Ubuntu offre un'interfaccia grafica per la gestione dei pacchetti, consentendo agli utenti di cercare e installare software senza utilizzare la riga di comando.

4.4. Applicazioni e servizi in esecuzione

Applicazioni in Ubuntu

Ubuntu supporta una vasta gamma di applicazioni, da strumenti di produttività a server complessi.

- **Applicazioni GUI e CLI**: Gli utenti possono scegliere tra applicazioni con interfaccia grafica e applicazioni da riga di comando, in base alle loro preferenze.
- **Servizi di sistema**: Molte applicazioni funzionano come servizi di sistema, gestiti da un sistema di init come systemd. Questi servizi possono funzionare in background, gestendo funzioni come server web e database.
- **Applicazioni open-source**: Ubuntu promuove l'uso di software open-source, offrendo una vasta gamma di applicazioni gratuite e personalizzabili.

4.5. Sicurezza e aggiornamenti

Sicurezza in Ubuntu

La sicurezza è un aspetto fondamentale di Ubuntu, e il sistema operativo implementa diverse misure per proteggere gli utenti e i dati.

- **Aggiornamenti di sicurezza**: Ubuntu rilascia regolarmente aggiornamenti di sicurezza per correggere vulnerabilità e migliorare la stabilità del sistema.
- **Firewall**: Ubuntu include un firewall (UFW - Uncomplicated Firewall) che consente agli utenti di configurare regole di accesso alle reti.
- **Controllo degli accessi**: Utilizza un modello di controllo degli accessi basato su utenti e gruppi, garantendo che solo gli utenti autorizzati possano accedere a determinate risorse.

Parte 3: Architettura Hardware Intel

5. Introduzione alle Architetture Intel

5.1. Breve storia dell'hardware Intel

Intel, fondata nel 1968, ha avuto un ruolo fondamentale nello sviluppo dell'industria informatica. Ecco una panoramica della sua evoluzione:

Moderna Architettura dei Sistemi Operativi Ubuntu: Compatibilità con Architetture Intel e Approfondimenti Tecnici

- **Il primo processore: Intel 4004 (1971)**: Il primo microprocessore commerciale al mondo, il 4004, aveva una architettura a 4 bit e poteva gestire solo operazioni molto semplici. Sebbene limitato, ha aperto la strada alla progettazione di processori più complessi.

- **Intel 8086 e la microarchitettura x86 (1978)**: Il 8086 è stato il primo processore x86 a 16 bit e ha introdotto il concetto di architettura in grado di gestire più memoria e istruzioni più complesse. Ha anche portato alla creazione di un ecosistema software che ha contribuito alla diffusione dei PC.

- **Evoluzione della serie 80x86**: Da allora, Intel ha rilasciato numerose varianti, da 8088 a 80486. L'introduzione del 80486 ha segnato un'importante evoluzione con l'inclusione di una unità di gestione della memoria (MMU) e di un'unità di elaborazione matematica integrata.

- **Architettura x64 e IA-64 (2003)**: Con l'introduzione dell'architettura x86-64 (anche nota come x64), Intel ha ampliato la capacità di indirizzamento della memoria a 64 bit, consentendo ai processori di gestire enormi quantità di RAM e migliorando le prestazioni complessive. L'architettura IA-64 è stata progettata specificamente per l'Itanium, ma ha avuto un successo limitato.

- **Serie i3, i5, i7 e i9 (2008 - oggi)**: Lanciata nel 2008, la serie Core ha portato a un significativo miglioramento delle prestazioni grazie all'implementazione di tecnologie come Hyper-Threading e Turbo Boost. La serie i9, introdotta nel 2017, ha rappresentato l'apice delle prestazioni consumer, rivoluzionando il calcolo ad alte prestazioni.

5.2. Principi di progettazione: dalla microarchitettura x86 all'architettura x64

- **Architettura x86**: Basata su una progettazione CISC (Complex Instruction Set Computing), l'architettura x86 è caratterizzata da una vasta gamma di istruzioni. Questo approccio consente di eseguire operazioni complesse con poche istruzioni, ma può portare a inefficienze nell'esecuzione.

- **Transizione a x64**: L'architettura x64 ha migliorato l'efficienza del calcolo e dell'indirizzamento della memoria. Introducendo registri a 64 bit, permette di elaborare più dati in un singolo ciclo di clock, aumentando le prestazioni per applicazioni che richiedono molta memoria.

- **Microarchitettura**: Intel ha sviluppato diverse microarchitetture, come Nehalem, Sandy Bridge, e Skylake, ognuna delle quali ha portato innovazioni significative in termini di efficienza energetica, prestazioni e capacità di elaborazione parallela. Ogni microarchitettura ha ottimizzato il modo in cui le istruzioni vengono decodificate, eseguite e scritte nella memoria.

5.3. Evoluzione tecnologica: IA-32, x86_64, Hyper-Threading, Turbo Boost, AVX

- **IA-32**: Questa architettura a 32 bit ha fornito una compatibilità con le applicazioni legacy, ma ha limitato l'indirizzamento della memoria a 4 GB. È stato un passo intermedio nell'evoluzione verso architetture più avanzate.

- **x86_64**: L'introduzione di x86_64 ha aumentato la capacità di memoria fino a 16 exabyte. Le istruzioni sono state ampliate per supportare operazioni a 64 bit, migliorando la gestione delle risorse nei moderni sistemi operativi e applicazioni.

- **Hyper-Threading**: Questa tecnologia consente a ciascun core del processore di gestire due thread simultaneamente, aumentando l'efficienza e le prestazioni nei carichi di lavoro multi-threaded. Permette una migliore utilizzo della CPU, riducendo i tempi di inattività.

- **Turbo Boost**: Una funzionalità che consente ai processori di aumentare dinamicamente la loro velocità di clock quando sono richieste maggiori prestazioni, migliorando l'efficienza energetica e le prestazioni senza compromettere la stabilità.

- **AVX (Advanced Vector Extensions)**: Un'estensione dell'architettura x86 progettata per migliorare l'esecuzione di operazioni vettoriali. AVX consente ai processori di gestire più dati in un singolo ciclo di clock, aumentando notevolmente le prestazioni in applicazioni scientifiche, di grafica e di machine learning.

6. Componenti Elettronici e Architettura di Von Neumann

6.1. Concetti della macchina di Von Neumann

L'architettura di Von Neumann è un modello fondamentale per comprendere come funzionano i computer moderni. Essa definisce una struttura in cui i dati e le istruzioni sono memorizzati nella stessa memoria, e il processore esegue le istruzioni in sequenza.

- **Unità di elaborazione centrale (CPU)**: La CPU esegue le istruzioni prelevando i dati dalla memoria e utilizzando i registri per elaborare le informazioni.

- **Memoria**: Nella macchina di Von Neumann, la memoria è suddivisa in unità di memoria che possono contenere sia istruzioni che dati. Questo design ha portato a limitazioni nel throughput e nelle prestazioni a causa del collo di bottiglia della memoria.

- **Unità di controllo e ALU**: L'unità di controllo gestisce il flusso delle istruzioni, mentre l'unità logico-aritmetica (ALU) esegue le operazioni aritmetiche e logiche necessarie per il calcolo.

6.2. Ruolo della CPU, memoria e componenti di input/output

- **CPU**: La CPU è il cervello del computer, responsabile dell'esecuzione delle istruzioni. Le moderne CPU Intel possono contenere più core, consentendo l'esecuzione di più thread simultaneamente, migliorando così le prestazioni complessive.

- **Memoria**: La memoria è divisa in RAM (Random Access Memory) e memoria di massa (dischi rigidi, SSD). La RAM è utilizzata per archiviare dati temporanei, mentre la memoria di massa è utilizzata per archiviare dati permanenti.

- **Dispositivi di input/output (I/O)**: I dispositivi I/O, come tastiere, mouse, stampanti e schermi, consentono l'interazione tra l'utente e il computer. La comunicazione tra CPU e dispositivi I/O è gestita attraverso bus di sistema.

Moderna Architettura dei Sistemi Operativi Ubuntu: Compatibilità con Architetture Intel e Approfondimenti Tecnici

6.3. Panoramica sui bus di sistema e loro funzionalità

- **Bus di dati**: Trasmette dati tra componenti come CPU, memoria e dispositivi I/O. Maggiore è la larghezza del bus, maggiore è la quantità di dati che possono essere trasferiti simultaneamente.

- **Bus di indirizzo**: Utilizzato dalla CPU per specificare l'indirizzo di memoria da cui leggere o scrivere i dati. La larghezza del bus di indirizzo determina la quantità di memoria che il sistema può gestire.

- **Bus di controllo**: Trasmette segnali di controllo e sincronizzazione tra i vari componenti del sistema, coordinando le operazioni tra la CPU e gli altri dispositivi.

7. Sincronizzazione e Gestione dei Processi

7.1. Come l'hardware supporta la gestione dei processi

- **Gestione della CPU**: L'hardware della CPU è progettato per supportare la gestione dei processi tramite tecniche di scheduling. Ogni processo ha un proprio contesto di esecuzione, che include informazioni sulla sua posizione in memoria, registri e stato.

- **Interrupt**: L'uso di interrupt hardware consente alla CPU di interrompere un processo in esecuzione per gestire eventi esterni, come input dall'utente o segnalazioni da dispositivi I/O, garantendo che il sistema rimanga reattivo.

7.2. Sincronizzazione e risoluzione dei conflitti

- **Meccanismi di sincronizzazione**: Tecniche come mutex, semafori e barriere sono utilizzate per coordinare l'accesso alle risorse condivise tra più processi o thread, prevenendo conflitti e garantendo l'integrità dei dati.

- **Problemi di concorrenza**: La sincronizzazione è cruciale per evitare problemi come la condizione di gara, dove più processi accedono e modificano dati condivisi in modo non coordinato, portando a risultati imprevisti.

7.3. Controllo e gestione dei clock per il coordinamento del sistema

- **Clock di sistema**: La CPU e i componenti di sistema operano sincronizzati da un clock di sistema, che genera impulsi regolari per coordinare le operazioni. La frequenza del clock influisce direttamente sulle prestazioni del sistema.

- **Clock di bus**: I bus di sistema utilizzano segnali di clock per sincronizzare il trasferimento dei dati tra i vari componenti, garantendo che i dati vengano letti e scritti correttamente e nei tempi giusti.

- **Tecniche di riduzione del consumo energetico**: Le moderne CPU utilizzano tecniche come il Dynamic Voltage and Frequency Scaling (DVFS) per ridurre il consumo energetico durante periodi di inattività, regolando dinamicamente la frequenza e la tensione di funzionamento in base al carico di lavoro.

Moderna Architettura dei Sistemi Operativi Ubuntu: Compatibilità con Architetture Intel e Approfondimenti Tecnici

Questa parte della tua trattazione offre un'analisi completa delle architetture hardware Intel, dalla storia dei processori alle specifiche tecniche che influenzano le prestazioni e la gestione dei processi.

Parte 3: Componenti Elettronici e Architettura di Von Neumann

6. Componenti Elettronici e Architettura di Von Neumann

6.1. Concetti della macchina di Von Neumann

- **Storia e sviluppo**: Breve introduzione al concetto di architettura di Von Neumann, sviluppata da John von Neumann negli anni '40.
- **Componenti principali**: Descrizione dei componenti chiave: CPU, memoria e unità di I/O.
- **Ciclo di fetch-decode-execute**: Spiegazione di come la CPU preleva (fetch), decodifica (decode) e esegue (execute) le istruzioni.

6.2. Ruolo della CPU, memoria e componenti di input/output

- **Funzione della CPU**: Dettagli sulla funzione della CPU come unità di controllo e di calcolo.
- **Tipi di memoria**: Descrizione della memoria volatile (RAM) e non volatile (ROM, flash).
- **Dispositivi di input/output**: Panoramica su tastiere, mouse, monitor e stampanti.

6.3. Panoramica sui bus di sistema e loro funzionalità

- **Definizione di bus di sistema**: Cos'è un bus e il suo ruolo nella comunicazione tra componenti.
- **Tipi di bus**: Bus dati, bus indirizzi, bus di controllo.
- **Architetture moderne**: Discussione su come i bus di sistema sono evoluti nel tempo e l'impatto sulle prestazioni.

6.4. Dispositivi di memoria e I/O

- **Tipi di memoria**: Analisi approfondita delle varie forme di memoria (cache, DRAM, SRAM).
- **Interfacce di I/O**: Panoramica delle interfacce come USB, SATA, PCIe.
- **Memoria virtuale**: Spiegazione di come funziona la memoria virtuale e il suo impatto sulla gestione della memoria.

7. Sincronizzazione e Gestione dei Processi

7.1. Come l'hardware supporta la gestione dei processi

- **Gestione della CPU**: Spiegazione di come la CPU gestisce più processi attraverso il multithreading e il multiprocessing.

- **Schedulazione dei processi**: Tecniche di schedulazione, come Round Robin e Priority Scheduling.

7.2. Sincronizzazione e risoluzione dei conflitti

- **Problemi di sincronizzazione**: Analisi dei problemi di race condition e deadlock.
- **Meccanismi di sincronizzazione**: Semafori, mutex, e monitor per gestire l'accesso alle risorse condivise.

7.3. Controllo e gestione dei clock per il coordinamento del sistema

- **Clock di sistema**: Ruolo del clock di sistema nella sincronizzazione delle operazioni hardware.
- **Tecniche di riduzione del consumo energetico**: Discussione su DVFS e altre tecniche per ottimizzare il consumo energetico delle CPU.

Parte 4: Avvio e Funzionamento di Ubuntu

8. Avvio del Computer e del Sistema Operativo

8.1. Processo di boot: dal BIOS/UEFI al caricamento del kernel

- **BIOS e UEFI**: Differenze tra BIOS e UEFI, e il loro ruolo nel processo di avvio.
- **Fase di POST**: Spiegazione della fase di Power-On Self-Test e della sua importanza.

8.2. Il ruolo di GRUB nel processo di avvio

- **Funzione di GRUB**: Come GRUB gestisce il booting di più sistemi operativi.
- **Configurazione di GRUB**: Dettagli su come configurare GRUB per personalizzare il processo di avvio.

8.3. Caricamento dei moduli del kernel e dei servizi

- **Moduli del kernel**: Spiegazione di cosa sono i moduli del kernel e come vengono caricati.
- **Servizi di sistema**: Panoramica dei servizi di sistema avviati durante il boot.

9. Funzionamento Interno del Kernel

9.1. Come il kernel interagisce con l'hardware e con le applicazioni

- **Interfaccia tra hardware e software**: Come il kernel gestisce le richieste hardware da parte delle applicazioni.
- **API del kernel**: Panoramica delle API fornite dal kernel per le applicazioni.

9.2. Sistemi di interrupt e gestione delle priorità

- **Funzione degli interrupt**: Spiegazione di come funzionano gli interrupt e il loro ruolo nella gestione degli eventi.

- **Gestione delle priorità**: Come il kernel gestisce le priorità delle varie operazioni in esecuzione.

9.3. Architettura del kernel monolitico di Linux e vantaggi per Ubuntu

- **Kernel monolitico vs. microkernel**: Confronto tra i due approcci e vantaggi dell'architettura monolitica.
- **Performance**: Discussione su come l'architettura del kernel influisce sulle prestazioni del sistema.

Parte 5: Funzionalità e Comandi di Ubuntu e Debian

10. Comandi Base di Ubuntu/Debian

10.1. I 200 comandi base più utilizzati con spiegazioni

- **Comandi essenziali**: Elenco e descrizione dei comandi più comuni come ls, cd, cp, mv, rm.
- **Esempi di utilizzo**: Situazioni pratiche in cui utilizzare questi comandi.

10.2. Struttura e sintassi dei comandi

- **Struttura dei comandi**: Spiegazione della sintassi generale dei comandi di Linux.
- **Opzioni e argomenti**: Come utilizzare opzioni e argomenti per personalizzare i comandi.

10.3. Esempi comuni: gestione file, networking, gestione processi

- **Gestione file**: Comandi per copiare, spostare, e eliminare file.
- **Networking**: Comandi per gestire la rete, come ping, ifconfig, netstat.
- **Gestione processi**: Comandi come ps, top, kill per monitorare e gestire i processi.

11. Comandi Avanzati e Script di Automazione

11.1. Introduzione ai comandi avanzati (400 selezionati)

- **Comandi avanzati**: Elenco di comandi avanzati per amministrazione di sistema, come grep, sed, awk, find.
- **Applicazioni pratiche**: Esempi di come questi comandi possono migliorare la produttività.

11.2. Amministrazione di sistema e ottimizzazione prestazioni

- **Strumenti di monitoraggio**: Introduzione a strumenti come htop, iotop, vmstat.
- **Ottimizzazione delle prestazioni**: Tecniche per migliorare le prestazioni del sistema.

11.3. Introduzione agli script di shell e personalizzazione del sistema

- **Script di shell**: Fondamenti della creazione di script di shell.
- **Esempi di automazione**: Come automatizzare compiti ripetitivi utilizzando script.

12. Manutenzione e Gestione Avanzata

12.1. 800 comandi di manutenzione avanzata

- **Comandi di manutenzione**: Dettagli su comandi per la manutenzione del sistema, come apt, dpkg, fsck.
- **Esempi pratici**: Situazioni di utilizzo per la manutenzione di sistemi Debian e Ubuntu.

12.2. Diagnosi e risoluzione dei problemi di sistema

- **Diagnosi problemi**: Strumenti e comandi per diagnosticare problemi comuni.
- **Risoluzione dei problemi**: Tecniche per risolvere problemi di sistema.

12.3. Backup, sicurezza, ottimizzazione risorse

- **Backup del sistema**: Strumenti e pratiche per il backup dei dati.
- **Sicurezza**: Tecniche per migliorare la sicurezza del sistema.
- **Ottimizzazione delle risorse**: Suggerimenti per una gestione efficiente delle risorse di sistema.

12.4. Esempi di configurazioni avanzate e script di automazione

- **Configurazioni avanzate**: Esempi di configurazioni complesse, come server web e database.
- **Script di automazione avanzati**: Come creare script per gestire attività di sistema complesse.

Parte 6: Concetti Fondamentali dei Sistemi Operativi e Interfaccia Utente

13. Concetti Base e Interfaccia Desktop

13.1. Principi della gestione dei processi in Ubuntu e Debian

- **Gestione dei processi**: Descrizione di come Ubuntu e Debian gestiscono i processi.
- **Visualizzazione dei processi**: Strumenti per visualizzare e monitorare i processi.

13.2. Shell: interfaccia a riga di comando e gestione del sistema

- **Introduzione alla shell**: Panoramica sulle shell disponibili in Ubuntu e Debian.
- **Utilizzo della shell**: Come utilizzare la shell per gestire il sistema.

13.3. Sicurezza del file system

- **Permessi di file**: Comprensione dei permessi di file in Linux.
- **Protezione dei dati**: Tecniche per garantire la sicurezza dei dati nel file system.

14. Spazio degli Indirizzi e Gestione dei File

14.1. Spazio degli indirizzi virtuale e protezione della memoria

- **Spazio degli indirizzi virtuale**: Spiegazione di cosa sia e come funziona.
- **Protezione della memoria**: Tecniche per proteggere la memoria da accessi non autorizzati.

14.2. Panoramica dei sistemi di file supportati

- **Sistemi di file comuni**: Descrizione dei vari sistemi di file supportati da Linux, come ext4, Btrfs, XFS.
- **Scelta del sistema di file**: Fattori da considerare nella scelta di un sistema di file.

14.3. Gestione permessi di file e sicurezza

- **Gestione dei permessi**: Come gestire i permessi di file per utenti e gruppi.
- **Tecniche di sicurezza**: Metodi per migliorare la sicurezza dei file e delle directory.

15. Protezione e Sicurezza nel Sistema Operativo

15.1. Politiche di accesso e protezione dei dati

- **Politiche di accesso**: Tipi di politiche di accesso ai dati.
- **Protezione dei dati**: Tecniche per proteggere i dati sensibili.

15.2. Gestione credenziali di accesso

- **Gestione delle credenziali**: Come gestire password e credenziali in modo sicuro.
- **Autenticazione e autorizzazione**: Differenza tra autenticazione e autorizzazione nel contesto della sicurezza.

15.3. Configurazioni firewall e protezione reti

- **Configurazione del firewall**: Come configurare un firewall su Ubuntu e Debian.
- **Sicurezza della rete**: Tecniche per proteggere la rete da attacchi esterni.

6. Componenti Elettronici e Architettura di Von Neumann

6.1. Concetti della macchina di Von Neumann

Storia   e   sviluppo:
L'architettura di Von Neumann è stata proposta da John von Neumann negli anni '40 ed è alla base della maggior parte dei computer moderni. Questa architettura definisce un modello di elaborazione in cui il computer utilizza una singola memoria per memorizzare sia i dati che le istruzioni. Questa idea ha rivoluzionato il design dei computer, facilitando l'esecuzione sequenziale delle istruzioni e permettendo la programmazione in linguaggio di alto livello.

Moderna Architettura dei Sistemi Operativi Ubuntu: Compatibilità con Architetture Intel e Approfondimenti Tecnici

Componenti **principali:**

L'architettura di Von Neumann comprende tre componenti principali:

- **CPU (Unità Centrale di Elaborazione):** È il cuore del computer, responsabile dell'elaborazione delle istruzioni.
- **Memoria:** Dove vengono archiviati sia i dati che le istruzioni. Può essere volatile (come la RAM) o non volatile (come ROM e memoria flash).
- **Unità di I/O (Input/Output):** Permette la comunicazione del computer con il mondo esterno attraverso dispositivi come tastiere, mouse, monitor e stampanti.

Ciclo **di** **fetch-decode-execute:**

Questo ciclo descrive il processo con cui la CPU gestisce le istruzioni.

1. **Fetch:** L'istruzione viene recuperata dalla memoria.
2. **Decode:** L'istruzione viene decodificata per determinare quali operazioni devono essere eseguite.
3. **Execute:** La CPU esegue l'istruzione, che può coinvolgere operazioni aritmetiche, logiche o di trasferimento dati.

6.2. Ruolo della CPU, memoria e componenti di input/output

Funzione **della** **CPU:**

La CPU svolge due ruoli principali:

- **Unità di Controllo:** Coordina e gestisce il flusso di dati all'interno del computer e tra i vari componenti.
- **Unità di Calcolo:** Esegue operazioni aritmetiche e logiche necessarie per l'elaborazione dei dati.

Tipi di memoria:

- **Volatile:** La RAM è un tipo di memoria volatile, il che significa che perde i dati quando il computer è spento.
- **Non volatile:** Include ROM (memoria di sola lettura), memoria flash e dischi rigidi, che conservano i dati anche senza alimentazione.

Dispositivi **di** **input/output:**

I dispositivi di I/O sono essenziali per l'interazione con il computer. Esempi includono:

- **Tastiere e mouse:** Dispositivi di input per l'inserimento di dati.
- **Monitor:** Dispositivo di output per visualizzare le informazioni.
- **Stampanti:** Dispositivi di output che producono una copia cartacea dei dati.

6.3. Panoramica sui bus di sistema e loro funzionalità

Definizione **di** **bus** **di** **sistema:**

Un bus di sistema è un insieme di linee di comunicazione che consentono il trasferimento di dati, indirizzi e segnali di controllo tra i vari componenti del computer.

Tipi di bus:

- **Bus dati:** Trasporta i dati tra la CPU, la memoria e i dispositivi di I/O.
- **Bus indirizzi:** Trasmette gli indirizzi di memoria a cui si desidera accedere.
- **Bus di controllo:** Trasmette segnali di controllo per gestire le operazioni del sistema.

Architetture **moderne:**

Con l'evoluzione della tecnologia, i bus di sistema sono diventati più complessi, con architetture come PCIe che offrono elevate velocità di trasferimento dati e supporto per molteplici dispositivi.

6.4. Dispositivi di memoria e I/O

Tipi di memoria:

- **Cache:** Memoria veloce utilizzata per ridurre il tempo di accesso ai dati frequentemente utilizzati.
- **DRAM (Dynamic RAM):** Tipo di memoria volatile usata comunemente per la RAM del computer.
- **SRAM (Static RAM):** Più veloce e costosa della DRAM, utilizzata per la cache della CPU.

Interfacce **di** **I/O:**

Le interfacce di I/O consentono la connessione di dispositivi esterni. Alcuni esempi includono:

- **USB (Universal Serial Bus):** Standard comune per il collegamento di periferiche.
- **SATA (Serial Advanced Technology Attachment):** Utilizzato per collegare dischi rigidi e SSD.
- **PCIe (Peripheral Component Interconnect Express):** Utilizzato per schede grafiche e altre espansioni ad alta velocità.

Memoria **virtuale:**

La memoria virtuale è una tecnica che consente di utilizzare lo spazio di memoria su disco rigido come estensione della RAM. Ciò consente di eseguire applicazioni più grandi di quanto la RAM fisica possa contenere, migliorando la gestione della memoria e aumentando l'efficienza complessiva del sistema.

7. Sincronizzazione e Gestione dei Processi

7.1. Come l'hardware supporta la gestione dei processi

Gestione **della** **CPU:**

La CPU gestisce più processi attraverso tecniche come il **multithreading** (esecuzione simultanea di più thread all'interno di un singolo processo) e il **multiprocessing** (esecuzione simultanea di più processi su più CPU).

Schedulazione **dei** **processi:**

Le tecniche di schedulazione dei processi determinano l'ordine in cui i processi vengono eseguiti. Alcuni metodi comuni includono:

- **Round Robin:** Ogni processo riceve un intervallo di tempo (quantum) per l'esecuzione.
- **Priority Scheduling:** I processi vengono eseguiti in base alla loro priorità.

7.2. Sincronizzazione e risoluzione dei conflitti

Problemi di sincronizzazione:

- **Race condition:** Si verifica quando più processi accedono e manipolano dati condivisi senza corretta sincronizzazione.
- **Deadlock:** Situazione in cui due o più processi si bloccano a vicenda, aspettando che l'altro rilasci una risorsa.

Meccanismi di sincronizzazione: Strumenti come **semafori**, **mutex** e **monitor** sono utilizzati per gestire l'accesso alle risorse condivise, evitando conflitti tra processi.

7.3. Controllo e gestione dei clock per il coordinamento del sistema

Clock di sistema: Il clock di sistema fornisce segnali temporali che sincronizzano le operazioni hardware, garantendo che i componenti lavorino in modo coordinato.

Tecniche di riduzione del consumo energetico: Tecniche come **DVFS (Dynamic Voltage and Frequency Scaling)** consentono di ottimizzare il consumo energetico delle CPU, adattando la tensione e la frequenza operativa in base al carico di lavoro attuale.

Questa sezione fornisce una comprensione fondamentale dei componenti elettronici e dei principi dell'architettura di Von Neumann, oltre a esplorare la gestione dei processi e la sincronizzazione nell'ambito dei sistemi operativi.

Parte 5: Funzionalità e Comandi di Ubuntu e Debian

10. Comandi Base di Ubuntu/Debian

10.1 I 200 comandi base più utilizzati con spiegazioni

Ubuntu e Debian, come molte distribuzioni Linux, offrono un'ampia gamma di comandi per gestire il sistema operativo. Questi comandi possono essere utilizzati per varie operazioni, dalla gestione dei file all'amministrazione di sistema. Ecco un elenco dei comandi più comuni, suddivisi per categorie:

Gestione dei File e delle Directory

ls: Elenca i file e le directory in una directory.

cd: Cambia la directory corrente.

cp: Copia file o directory.

mv: Sposta o rinomina file o directory.

rm: Rimuove file o directory.

mkdir: Crea una nuova directory.

rmdir: Rimuove una directory vuota.

touch: Crea un file vuoto o aggiorna la data di modifica di un file esistente.

find: Cerca file e directory nel filesystem.

grep: Cerca un testo all'interno di file.

Gestione dei Permessi

chmod: Cambia i permessi di accesso di file e directory.

chown: Cambia il proprietario di un file o directory.

chgrp: Cambia il gruppo di appartenenza di un file o directory.

Networking

ping: Verifica la connettività con un host remoto.

ifconfig: Configura o visualizza le interfacce di rete.

netstat: Mostra le connessioni di rete e le porte in ascolto.

ssh: Accede a un computer remoto tramite Secure Shell.

scp: Copia file tra host in modo sicuro.

Gestione dei Processi

ps: Mostra i processi attivi.

top: Visualizza in tempo reale i processi attivi e l'utilizzo delle risorse.

kill: Termina un processo.

bg: Riporta un processo in background.

fg: Riporta un processo in primo piano.

Comandi di Amministrazione

sudo: Esegue un comando con i privilegi di superuser.

apt: Gestisce pacchetti in Debian e Ubuntu.

dpkg: Gestisce pacchetti a livello più basso rispetto ad apt.

systemctl: Controlla e gestisce servizi di sistema.

Visualizzazione di File e Output

cat: Mostra il contenuto di un file.

less: Visualizza file di testo in modo paginato.

head: Mostra le prime righe di un file.

tail: Mostra le ultime righe di un file.

echo: Stampa testo o variabili nel terminale.

Utilità di Sistema

df: Mostra l'uso del disco.

du: Mostra l'uso del disco per file e directory.

free: Mostra informazioni sulla memoria.

uname: Mostra informazioni sul sistema.

history: Mostra la cronologia dei comandi.

10.2 Struttura e sintassi dei comandi

La sintassi dei comandi in Linux è generalmente strutturata in questo modo:

css

comando [opzioni] [argomenti]

comando: è il comando da eseguire (ad esempio, ls, cd, cp).

opzioni: sono modificatori che cambiano il comportamento del comando (ad esempio, -l per ottenere un elenco dettagliato).

argomenti: sono i file o le directory su cui il comando deve operare.

Esempio di comando:

Moderna Architettura dei Sistemi Operativi Ubuntu: Compatibilità con Architetture Intel e Approfondimenti Tecnici

bash

ls -l /home/utente

In questo esempio:

ls è il comando per elencare i file.

-l è un'opzione che fornisce un formato dettagliato.

/home/utente è l'argomento che specifica la directory da elencare.

10.3 Esempi comuni: gestione file, networking, gestione processi

Gestione file
Copiare un file:

bash

cp file.txt /home/utente/destinazione/

Spostare un file:

bash

mv file.txt /home/utente/destinazione/

Eliminare un file:

bash

```
rm file.txt
```

Networking

Verificare la connessione a un server:

```
ping google.com
```

Controllare la configurazione di rete:

```
ifconfig
```

Gestione processi

Visualizzare i processi in esecuzione:

```
ps aux
```

Terminare un processo (supponiamo che il PID sia 1234):

```
bash
```

```
kill 1234
```

11. Comandi Avanzati e Script di Automazione

11.1 Introduzione ai comandi avanzati (400 selezionati)

I comandi avanzati di Linux sono strumenti potenti che consentono agli utenti di effettuare operazioni complesse. Alcuni dei comandi avanzati più utilizzati includono:

grep: Cerca un pattern in uno o più file.

perl

grep 'testo' file.txt

sed: Modifica il contenuto di un file direttamente in modo non interattivo.

arduino

sed 's/testo1/testo2/g' file.txt

awk: Linguaggio di programmazione per l'elaborazione di testi e report.

arduino

awk '{print $1}' file.txt

find: Trova file e directory.

lua

find /path/to/dir -name "*.txt"

rsync: Sincronizza file e directory tra due posizioni.

bash

rsync -avz source/ destination/

Moderna Architettura dei Sistemi Operativi Ubuntu: Compatibilità con Architetture Intel e Approfondimenti Tecnici

Questi comandi offrono funzionalità avanzate che possono migliorare la produttività e semplificare le operazioni quotidiane.

11.2 Amministrazione di sistema e ottimizzazione prestazioni

L'amministrazione di sistema richiede una buona comprensione degli strumenti disponibili per monitorare e ottimizzare le prestazioni. Alcuni strumenti chiave includono:

htop: Monitoraggio interattivo delle risorse di sistema.

iotop: Monitoraggio dell'input/output del disco.

vmstat: Fornisce informazioni sulla memoria virtuale e sull'utilizzo della CPU.

atop: Monitora le performance nel tempo, includendo le statistiche sul disco e sulla rete.

L'ottimizzazione delle prestazioni può essere raggiunta attraverso l'uso efficiente delle risorse, l'ottimizzazione delle configurazioni di sistema e l'utilizzo di tecniche di caching.

11.3 Introduzione agli script di shell e personalizzazione del sistema

Gli script di shell sono file di testo che contengono una serie di comandi. Possono automatizzare attività ripetitive e rendere più efficienti i flussi di lavoro. Un esempio semplice di script potrebbe essere:

bash

```
#!/bin/bash
# Questo script esegue il backup di una directory

SOURCE="/home/utente/documenti"
DESTINATION="/home/utente/backup"

cp -r $SOURCE $DESTINATION
echo "Backup completato!"
```

Moderna Architettura dei Sistemi Operativi Ubuntu: Compatibilità con Architetture Intel e Approfondimenti Tecnici

Per rendere uno script eseguibile, è necessario modificare i permessi:

bash

chmod +x backup.sh

Una volta creato e reso eseguibile, puoi eseguire lo script con:

bash

./backup.sh

Gli script possono essere utilizzati anche per personalizzare il sistema, ad esempio impostando variabili d'ambiente o configurando impostazioni di sistema.

12. Manutenzione e Gestione Avanzata

12.1 800 comandi di manutenzione avanzata

La manutenzione del sistema è fondamentale per garantire la stabilità e la sicurezza di un sistema operativo. Alcuni comandi chiave per la manutenzione includono:

apt-get: Gestisce i pacchetti in Debian e Ubuntu.

dpkg: Strumento di basso livello per la gestione dei pacchetti.

fsck: Controlla e ripara i filesystem.

cron: Pianifica attività ricorrenti nel sistema.

Esempio di uso di apt-get per aggiornare i pacchetti:

bash

sudo apt-get update
sudo apt-get upgrade

Moderna Architettura dei Sistemi Operativi Ubuntu: Compatibilità con Architetture Intel e Approfondimenti Tecnici

12.2 Diagnosi e risoluzione dei problemi di sistema

La diagnosi dei problemi di sistema richiede una serie di strumenti e tecniche. Alcuni comandi utili includono:

dmesg: Visualizza messaggi del kernel e delle periferiche.

journalctl: Visualizza i log di sistema.

tail -f /var/log/syslog: Monitora in tempo reale il file di log del sistema.

La risoluzione dei problemi può comportare l'analisi dei log e l'utilizzo di comandi per identificare e risolvere i problemi.

12.3 Backup, sicurezza, ottimizzazione risorse

Il backup dei dati è essenziale per prevenire la perdita di dati. Strumenti come rsync e tar sono spesso utilizzati per creare backup.

Esempio di utilizzo di tar per creare un archivio:

bash

tar -cvzf backup.tar.gz /path/to/directory

Per quanto riguarda la sicurezza, è fondamentale implementare firewall e gestire i permessi di accesso.

12.4 Esempi di configurazioni avanzate e script di automazione

Le configurazioni avanzate possono includere la personalizzazione di servizi di rete, la gestione dei permessi e l'ottimizzazione delle prestazioni. Esempio di uno script per automatizzare l'installazione di software e la configurazione di un firewall:

bash

Moderna Architettura dei Sistemi Operativi Ubuntu: Compatibilità con Architetture Intel e Approfondimenti Tecnici

```bash
#!/bin/bash
# Script per installare software e configurare un firewall

# Installazione di UFW (Uncomplicated Firewall)
sudo apt-get install ufw

# Configurazione del firewall
sudo ufw allow ssh
sudo ufw enable

echo "Firewall configurato e attivo."
```

Parte 6: Concetti Fondamentali dei Sistemi Operativi e Interfaccia Utente

13. Concetti Base e Interfaccia Desktop

13.1 Principi della gestione dei processi in Ubuntu e Debian

La gestione dei processi è un concetto fondamentale nei sistemi operativi. Ogni volta che un programma viene eseguito, il sistema crea un processo. Ubuntu e Debian gestiscono i processi utilizzando un kernel che si occupa di allocare risorse e gestire la comunicazione tra processi.

PID (Process ID): Ogni processo ha un identificatore unico.
* Stato del processo: I processi possono essere in vari stati, come esecuzione, pronto o bloccato.

13.2 Shell: interfaccia a riga di comando e gestione del sistema

La shell è l'interfaccia principale per interagire con il sistema operativo. Fornisce un modo per eseguire comandi e script. Alcune shell popolari includono Bash, Zsh e Fish.

La gestione del sistema attraverso la shell include operazioni come l'installazione di software, la gestione dei file e la configurazione di rete.

13.3 Sicurezza del file system

La sicurezza del file system è essenziale per proteggere i dati. Ubuntu e Debian implementano un modello di sicurezza basato sui permessi, che determina chi può accedere a cosa. Le operazioni su file e directory sono controllate da permessi di lettura, scrittura ed esecuzione.

14. Spazio degli Indirizzi e Gestione dei File

14.1 Spazio degli indirizzi virtuale e protezione della memoria

Il sistema operativo utilizza uno spazio di indirizzi virtuale per gestire la memoria. Questo permette di isolare i processi, prevenendo che uno possa interferire con l'altro. La protezione della memoria è cruciale per la stabilità e la sicurezza del sistema.

14.2 Panoramica dei sistemi di file supportati

I sistemi di file supportati in Linux includono:

ext4: Il filesystem predefinito in molte distribuzioni.

XFS: Ottimizzato per alte prestazioni e grandi file.

Btrfs: Un filesystem avanzato con supporto per snapshot e gestione dei volumi.

14.3 Gestione permessi di file e sicurezza

La gestione dei permessi di file in Linux è gestita tramite tre categorie: utente, gruppo e altri. Utilizzando i comandi chmod, chown e chgrp, gli amministratori possono controllare chi ha accesso a cosa, aumentando così la sicurezza del sistema.

15. Protezione e Sicurezza nel Sistema Operativo

15.1 Politiche di accesso e protezione dei dati

Le politiche di accesso definiscono come gli utenti possono interagire con il sistema. Queste possono includere restrizioni su chi può accedere a determinati file o eseguire specifici comandi.

15.2 Gestione credenziali di accesso

Moderna Architettura dei Sistemi Operativi Ubuntu: Compatibilità con Architetture Intel e Approfondimenti Tecnici

La gestione delle credenziali include la configurazione di password sicure e l'uso di autenticazione a due fattori. Strumenti come sudo e passwd sono utilizzati per gestire l'accesso.

15.3 Configurazioni firewall e protezione reti

Configurare un firewall è essenziale per proteggere un sistema da attacchi esterni. Strumenti come iptables e UFW (Uncomplicated Firewall) sono comunemente usati per gestire le regole di accesso alle porte di rete.

Parte 7: Manutenzione di Sistema con Comandi Avanzati

16. Manutenzione Base e Avanzata

16.1 Strategie di manutenzione preventiva

La manutenzione preventiva include attività come l'aggiornamento regolare del software, il monitoraggio delle risorse e la gestione dei backup. Queste azioni aiutano a prevenire problemi futuri.

16.2 Manutenzione periodica: aggiornamenti e backup

Eseguire aggiornamenti regolari del sistema operativo e delle applicazioni è cruciale per mantenere la sicurezza. Allo stesso modo, eseguire backup frequenti aiuta a proteggere i dati in caso di guasti hardware o attacchi informatici.

16.3 Ottimizzazione memoria e risorse hardware

L'ottimizzazione della memoria e delle risorse hardware può essere effettuata attraverso l'uso di strumenti come top, htop e iotop, permettendo di identificare colli di bottiglia e applicare correzioni.

17. Elenco Completo e Spiegazione di Comandi per la Manutenzione

17.1 800 comandi avanzati spiegati

Elencare e spiegare 800 comandi avanzati richiederebbe un volume notevole di contenuti. Tuttavia, posso fornire una selezione di comandi chiave per la manutenzione e la gestione del sistema:

df: Controlla lo spazio libero sui filesystem.

du: Mostra la quantità di spazio utilizzato da file e directory.

lsof: Elenca i file aperti e i processi ad essi associati.

strace: Traccia le chiamate di sistema effettuate da un processo.

ncdu: Visualizza l'uso del disco in un'interfaccia interattiva.

17.2 Diagnosi di sistema, gestione pacchetti, monitoraggio

L'uso di strumenti di monitoraggio e diagnostica è fondamentale per mantenere un sistema stabile. Comandi come apt-cache, apt-get, ps, top e htop sono strumenti vitali per il mantenimento.

17.3 Risoluzione problemi di rete, configurazioni hardware, logging

La risoluzione dei problemi di rete può richiedere l'uso di comandi come ping, traceroute e ifconfig. La gestione delle configurazioni hardware può essere effettuata attraverso comandi come lspci e lsusb, mentre i log di sistema possono essere esaminati utilizzando journalctl e cat.

18. Grafici e Diagrammi UML

18.1 Diagrammi di sequenza per il processo di boot

I diagrammi di sequenza possono rappresentare il processo di avvio di un sistema Linux, mostrando le interazioni tra il BIOS, il bootloader e il kernel.

18.2 Diagrammi di flusso della gestione memoria

Diagrammi di flusso possono descrivere come la memoria viene allocata e gestita, mostrando i vari stati e transizioni.

18.3 Diagrammi di classe per organizzazione processi del kernel

I diagrammi di classe possono descrivere le strutture dati e le relazioni tra i vari componenti del kernel responsabili della gestione dei processi.

Concetti Fondamentali dei Sistemi Operativi e Interfaccia Utente

13. Concetti Base e Interfaccia Desktop

13.1. Principi della gestione dei processi in Ubuntu e Debian

- **Gestione dei processi:**
  In Ubuntu e Debian, la gestione dei processi è un aspetto fondamentale del sistema operativo. Ogni processo è un'istanza di un programma in esecuzione e viene gestito dal kernel. I sistemi operativi utilizzano una tabella dei processi (Process Table) per mantenere

traccia di tutti i processi attivi, memorizzando informazioni come PID (Process ID), stato, priorità e risorse allocate.

- **Visualizzazione   dei   processi:**
  Per visualizzare e monitorare i processi, gli utenti possono utilizzare vari strumenti, tra cui:

  - `ps`: Mostra informazioni sui processi attivi.
  - `top`: Fornisce una visualizzazione in tempo reale dell'utilizzo delle risorse da parte dei processi.
  - `htop`: Una versione avanzata di `top` che offre un'interfaccia più interattiva.
  - `pgrep`: Permette di cercare processi in base a criteri specifici.

13.2. Shell: interfaccia a riga di comando e gestione del sistema

- **Introduzione   alla   shell:**
  La shell è un'interfaccia a riga di comando che consente agli utenti di interagire con il sistema operativo. In Ubuntu e Debian, le shell più comuni includono Bash (Bourne Again SHell), Zsh e Fish. Ogni shell ha le sue funzionalità e vantaggi, ma Bash è la più diffusa e predefinita.

- **Utilizzo   della   shell:**
  Gli utenti possono utilizzare la shell per eseguire comandi, gestire file e directory, installare software e automatizzare attività mediante script. La shell supporta anche variabili, cicli e condizionali, rendendola uno strumento potente per la gestione del sistema.

13.3. Sicurezza del file system

- **Permessi   di   file:**
  In Linux, ogni file e directory ha associati permessi che controllano chi può leggere, scrivere ed eseguire il file. I permessi sono divisi in tre categorie: utente (owner), gruppo e altri. Ogni categoria ha tre permessi: lettura (r), scrittura (w) ed esecuzione (x). Gli utenti possono modificare i permessi usando il comando `chmod`.

- **Protezione   dei   dati:**
  Per garantire la sicurezza dei dati nel file system, è importante utilizzare i permessi corretti, l'uso di strumenti di crittografia (come GnuPG o LUKS) per proteggere i dati sensibili e backup regolari per prevenire la perdita di dati.

---

14. Spazio degli Indirizzi e Gestione dei File

14.1. Spazio degli indirizzi virtuale e protezione della memoria

- **Spazio   degli   indirizzi   virtuale:**
  Ogni processo in esecuzione ha il proprio spazio degli indirizzi virtuale, che viene gestito dal kernel. Questo spazio è isolato dagli altri processi, il che significa che un processo non può accedere direttamente alla memoria di un altro processo, garantendo la stabilità e la sicurezza del sistema.

Moderna Architettura dei Sistemi Operativi Ubuntu: Compatibilità con Architetture Intel e Approfondimenti Tecnici

- **Protezione della memoria:**
  Tecniche come la paginazione e la segmentazione vengono utilizzate per proteggere la memoria. La paginazione divide la memoria in pagine di dimensioni fisse, mentre la segmentazione divide la memoria in segmenti di dimensioni variabili, facilitando una gestione più efficiente.

14.2. Panoramica dei sistemi di file supportati

- **Sistemi di file comuni:**
  Linux supporta diversi sistemi di file, tra cui:
    - **ext4:** Il file system predefinito per molte distribuzioni Linux, noto per la sua stabilità e prestazioni.
    - **Btrfs:** Un file system moderno che supporta snapshot, compressione e gestione avanzata dei dati.
    - **XFS:** Ottimizzato per gestire grandi file e volumi di dati.
- **Scelta del sistema di file:**
  Nella scelta di un sistema di file, considerare fattori come le prestazioni, la gestione della capacità, la resilienza e le funzionalità offerte.

14.3. Gestione permessi di file e sicurezza

- **Gestione dei permessi:**
  Oltre a chmod, i comandi chown e chgrp possono essere utilizzati per cambiare il proprietario e il gruppo di un file o directory, rispettivamente. È fondamentale assegnare i permessi appropriati per prevenire accessi non autorizzati.

- **Tecniche di sicurezza:**
  Utilizzare ACL (Access Control Lists) per gestire i permessi in modo più granulare, e implementare audit e logging per monitorare le attività nel file system.

---

15. Protezione e Sicurezza nel Sistema Operativo

15.1. Politiche di accesso e protezione dei dati

- **Politiche di accesso:**
  Esistono vari tipi di politiche di accesso, come l'accesso basato su ruolo (RBAC), l'accesso discrezionale (DAC) e l'accesso obbligatorio (MAC). Queste politiche aiutano a definire chi può accedere a quali risorse e in quali condizioni.

- **Protezione dei dati:**
  Utilizzare crittografia per proteggere i dati sensibili sia a riposo che in transito. Strumenti come OpenSSL possono essere utilizzati per crittografare file e comunicazioni.

15.2. Gestione credenziali di accesso

- **Gestione delle credenziali:**
  È fondamentale utilizzare gestori di password per archiviare e gestire in modo sicuro le password. Evitare di memorizzare password in testo semplice.

- **Autenticazione e autorizzazione:**
  L'autenticazione verifica l'identità di un utente, mentre l'autorizzazione determina se l'utente ha accesso a determinate risorse. Utilizzare meccanismi di autenticazione a due fattori (2FA) per aumentare la sicurezza.

15.3. Configurazioni firewall e protezione reti

- **Configurazione del firewall:**
  In Ubuntu e Debian, `ufw` (Uncomplicated Firewall) è uno strumento semplice per configurare e gestire un firewall. Utilizzare comandi come `ufw allow` e `ufw deny` per gestire le regole del firewall.

- **Sicurezza della rete:**
  Implementare tecniche come la segmentazione della rete, l'uso di VPN e la crittografia del traffico per proteggere la rete da attacchi esterni.

Concetti Fondamentali dei Sistemi Operativi e Interfaccia Utente

13. Concetti Base e Interfaccia Desktop

13.1. Principi della gestione dei processi in Ubuntu e Debian

Gestione dei processi

La gestione dei processi è una funzione critica nei sistemi operativi come Ubuntu e Debian. Ogni processo è un'istanza di un programma in esecuzione e viene gestito dal kernel del sistema operativo. I sistemi operativi mantengono una tabella dei processi, nota come Process Table, che tiene traccia di tutti i processi attivi nel sistema. Questa tabella memorizza informazioni chiave per ogni processo, tra cui:

- **PID (Process ID)**: un identificatore univoco assegnato a ciascun processo.
- **Stato**: indica se il processo è in esecuzione, in attesa, terminato o in un altro stato.
- **Priorità**: determina l'importanza del processo rispetto agli altri; i processi con priorità più alta ricevono più risorse CPU.
- **Risorse allocate**: include memoria, file aperti e altre risorse utilizzate dal processo.

La gestione efficace dei processi è essenziale per garantire prestazioni ottimali del sistema, evitando conflitti tra processi e garantendo un uso equo delle risorse.

Moderna Architettura dei Sistemi Operativi Ubuntu: Compatibilità con Architetture Intel e Approfondimenti Tecnici

Visualizzazione dei processi

Gli utenti possono utilizzare vari strumenti per visualizzare e monitorare i processi attivi nel sistema. Alcuni dei più comuni includono:

- **ps**: Questo comando mostra informazioni sui processi attivi in un determinato momento. È utile per ottenere un'istantanea dello stato attuale dei processi.

  ```bash
  ```

Introduzione ai Sistemi Operativi (2.000 parole)

1. Definizione di sistema operativo
2. Storia dei sistemi operativi
3. Tipi di sistemi operativi (batch, time-sharing, real-time, embedded)
4. Funzioni principali di un sistema operativo

Architettura dei Sistemi Operativi (4.000 parole)

1. Struttura di un sistema operativo
   - Kernel
   - Shell
   - Interfaccia utente
2. Tipi di architetture (monolitico, microkernel, ibrido)
3. Gestione delle risorse (CPU, memoria, I/O)
4. Gestione dei processi e threading

Gestione della Memoria (4.000 parole)

1. Concetti di memoria
   - Memoria volatile e non volatile
   - Spazio degli indirizzi
2. Tecniche di gestione della memoria
   - Paginazione
   - Segmentazione
   - Memoria virtuale
3. Protezione della memoria

Gestione dei Processi (4.000 parole)

1. Creazione e terminazione dei processi
2. Pianificazione dei processi
   - Algoritmi di scheduling (FCFS, SJF, Round Robin)
3. Comunicazione tra processi (IPC)
   - Semaphore e mutex
   - Messaggi e pipe

Moderna Architettura dei Sistemi Operativi Ubuntu: Compatibilità con Architetture Intel e Approfondimenti Tecnici

Sistemi di File (4.000 parole)

1. Struttura dei file e directory
2. Sistemi di file comuni (ext4, Btrfs, XFS)
3. Gestione dei permessi di file
4. Backup e ripristino dei dati

Sicurezza nei Sistemi Operativi (4.000 parole)

1. Principi di sicurezza
2. Controllo degli accessi (RBAC, DAC, MAC)
3. Protezione dei dati e crittografia
4. Monitoraggio e auditing della sicurezza

Interfaccia Utente (4.000 parole)

1. Tipi di interfaccia utente (CLI, GUI, TUI)
2. Design dell'interfaccia utente
3. Esperienza dell'utente (UX)
4. Strumenti per la creazione di interfacce utente

Esempi Pratici e Casi Studio (2.000 parole)

1. Esempi di sistemi operativi popolari (Windows, macOS, Linux)
2. Analisi delle prestazioni di diversi sistemi operativi
3. Casi studio di implementazione di sistemi operativi in contesti reali

Futuro dei Sistemi Operativi (2.000 parole)

1. Tendenze emergenti (cloud computing, IoT, virtualizzazione)
2. Impatto dell'intelligenza artificiale sui sistemi operativi
3. Conclusioni e riflessioni finali

Sezioni Ampliate

Introduzione ai Sistemi Operativi

I sistemi operativi (SO) sono la spina dorsale del computer. Senza di essi, l'hardware sarebbe inutilizzabile. Essi gestiscono le risorse hardware e forniscono un ambiente per l'esecuzione dei programmi. Sin dalla loro nascita negli anni '50, i sistemi operativi hanno evoluto notevolmente, adattandosi alle nuove tecnologie e alle esigenze degli utenti.

I sistemi operativi moderni possono essere classificati in diverse categorie. Ad esempio, i sistemi operativi batch elaborano i dati in blocchi senza interazione in tempo reale, mentre i sistemi di time-sharing permettono a più utenti di condividere le risorse di un singolo computer. Inoltre, i sistemi real-time sono progettati per garantire risposte rapide in applicazioni critiche, come nel caso di sistemi di controllo industriale.

Moderna Architettura dei Sistemi Operativi Ubuntu: Compatibilità con Architetture Intel e Approfondimenti Tecnici

Le funzioni principali di un sistema operativo includono la gestione dei processi, la gestione della memoria, la gestione dei file e la sicurezza. Queste funzioni lavorano insieme per fornire un'esperienza utente fluida e per garantire l'affidabilità del sistema.

Architettura dei Sistemi Operativi

La struttura di un sistema operativo è composta principalmente da tre componenti: il kernel, la shell e l'interfaccia utente. Il kernel è il cuore del sistema operativo, responsabile della gestione delle risorse hardware e della comunicazione tra i componenti del sistema. La shell è l'interfaccia tramite cui gli utenti interagiscono con il kernel, mentre l'interfaccia utente fornisce un modo per visualizzare e interagire con il sistema.

Ci sono vari modelli di architettura, tra cui il modello monolitico, dove il kernel e i servizi sono strettamente integrati, e il microkernel, che cerca di ridurre le funzionalità del kernel per aumentare la modularità e la sicurezza. La gestione delle risorse è una funzione cruciale, poiché ogni applicazione e processo richiede l'accesso alle risorse, come la CPU e la memoria.

Gestione della Memoria

La memoria è un componente fondamentale del sistema operativo, poiché determina la capacità di eseguire più programmi simultaneamente. La gestione della memoria può avvenire attraverso tecniche di paginazione, che suddividono la memoria in pagine di dimensioni fisse, o segmentazione, che divide la memoria in segmenti di dimensioni variabili.

La memoria virtuale è un altro concetto importante, che consente di utilizzare più memoria di quella fisicamente disponibile. Questo è realizzato tramite la traduzione degli indirizzi virtuali in indirizzi fisici, attraverso l'uso di tabelle di pagine mantenute dal kernel. La protezione della memoria garantisce che i processi non possano interferire l'uno con l'altro, preservando la stabilità del sistema.

Gestione dei Processi

Ogni programma in esecuzione è considerato un processo, e la gestione dei processi è una delle funzioni chiave di un sistema operativo. Questa comprende la creazione, la pianificazione e la terminazione dei processi. La pianificazione dei processi determina quale processo riceve tempo di CPU e in quale ordine.

Ci sono diversi algoritmi di scheduling, come il First-Come, First-Served (FCFS), che gestisce i processi in base all'ordine di arrivo, e il Round Robin, che assegna a ciascun processo un tempo fisso di esecuzione. La comunicazione tra processi (IPC) è fondamentale per la cooperazione tra processi, e può avvenire attraverso meccanismi come i semaphore e le pipe.

Sistemi di File

La gestione dei file è un'altra area critica dei sistemi operativi. Essa comprende la creazione, la lettura, la scrittura e la cancellazione dei file. Ogni file è identificato da un nome e ha associati permessi che determinano chi può accedervi e come.

Moderna Architettura dei Sistemi Operativi Ubuntu: Compatibilità con Architetture Intel e Approfondimenti Tecnici

I sistemi di file variano in base a come gestiscono i dati. I file system più comuni, come ext4 e Btrfs, offrono funzionalità come la gestione della capacità, il backup e la riparazione. La sicurezza dei file è garantita tramite permessi di file e crittografia.

Sicurezza nei Sistemi Operativi

La sicurezza è una preoccupazione fondamentale in ogni sistema operativo. Le politiche di accesso definiscono come gli utenti possono interagire con il sistema e quali risorse possono utilizzare. I controlli degli accessi possono essere basati sui ruoli (RBAC) o discrezionali (DAC), ognuno con vantaggi e svantaggi.

La protezione dei dati è cruciale, e l'implementazione della crittografia può aiutare a garantire che solo gli utenti autorizzati possano accedere a informazioni sensibili. Il monitoraggio e l'auditing sono pratiche essenziali per identificare e mitigare le vulnerabilità del sistema.

Interfaccia Utente

L'interfaccia utente è il punto di contatto tra l'utente e il sistema operativo. Le interfacce possono variare da linee di comando (CLI) a interfacce grafiche (GUI), e la scelta dipende dalle esigenze degli utenti e dai compiti da svolgere.

Il design dell'interfaccia deve essere intuitivo e user-friendly, tenendo conto dell'esperienza dell'utente (UX). Strumenti come GTK e Qt sono comunemente utilizzati per sviluppare interfacce grafiche nei sistemi Linux.

Esempi Pratici e Casi Studio

Analizzare sistemi operativi popolari come Windows, macOS e Linux può fornire preziose intuizioni su come diversi approcci alla progettazione dei sistemi operativi influenzano le prestazioni e l'usabilità. Casi studio di implementazione possono mostrare come le aziende utilizzano sistemi operativi specifici per soddisfare le loro esigenze.

Futuro dei Sistemi Operativi

Con l'emergere di nuove tecnologie come il cloud computing e l'IoT, i sistemi operativi stanno evolvendo per soddisfare nuove esigenze. L'intelligenza artificiale sta iniziando a influenzare i sistemi operativi, con l'obiettivo di migliorare le prestazioni e l'efficienza operativa.

Conclusione

Sebbene il contenuto fornito finora non raggiunga le 30.000 parole, ti offre un'idea di base e una struttura su cui puoi costruire. Ogni sezione può essere ulteriormente sviluppata con dettagli, esempi, illustrazioni e casi studio. Ti consiglio di fare ricerche approfondite su ogni argomento, includendo citazioni e riferimenti da testi accademici e articoli recenti per supportare le tue affermazioni.

Moderna Architettura dei Sistemi Operativi Ubuntu: Compatibilità con Architetture Intel e Approfondimenti Tecnici

Un sistema operativo (SO) è un insieme di software che funge da intermediario tra l'utente e l'hardware del computer. La sua principale funzione è quella di gestire le risorse hardware e software del sistema, consentendo l'esecuzione di programmi e garantendo l'interazione tra gli utenti e le applicazioni. I sistemi operativi forniscono una piattaforma per il funzionamento di applicazioni, gestiscono l'accesso a dispositivi hardware come dischi rigidi, stampanti e reti, e controllano l'allocazione di risorse come CPU e memoria.

In sostanza, un sistema operativo si occupa di:

- **Gestione delle risorse**: Coordina l'uso della CPU, della memoria, delle periferiche e dei file.
- **Gestione dei processi**: Supervisiona l'esecuzione di programmi, gestendo il passaggio tra stati di esecuzione e terminazione.
- **Gestione della memoria**: Assegna e dealloca memoria per i programmi in esecuzione, assicurando che ogni programma disponga delle risorse necessarie senza interferire con gli altri.
- **Gestione dei file**: Fornisce un'interfaccia per la creazione, lettura e scrittura di file, garantendo al contempo la sicurezza e l'integrità dei dati.

In un mondo sempre più digitale, i sistemi operativi giocano un ruolo fondamentale nel funzionamento di computer, server e dispositivi mobili, rendendo possibile l'esecuzione delle attività quotidiane degli utenti.

2. Storia dei sistemi operativi

La storia dei sistemi operativi è strettamente legata all'evoluzione della tecnologia informatica. Dall'epoca dei primi computer negli anni '50 e '60, i sistemi operativi hanno subito trasformazioni significative.

Anni '50: I primi sistemi operativi

- **Batch Processing**: I primi computer venivano utilizzati in modalità batch, dove i programmi venivano caricati e processati in sequenza senza interazione dell'utente. Questi sistemi richiedevano una programmazione complessa e spesso portavano a periodi di inattività significativi.

Anni '60: Sviluppo dei sistemi time-sharing

- **Time-Sharing**: Con l'introduzione della tecnologia time-sharing, gli utenti potevano interagire con il computer in tempo reale. Questo approccio ha permesso a più utenti di condividere le risorse del sistema simultaneamente, aumentando notevolmente l'efficienza.

Anni '70: Sistemi operativi multiutenza

- **Unix**: Sviluppato presso i Bell Labs, Unix ha introdotto concetti fondamentali come la portabilità, la multitasking e la protezione della memoria. Il suo design modulare ha influenzato molti sistemi operativi futuri.

Moderna Architettura dei Sistemi Operativi Ubuntu: Compatibilità con Architetture Intel e Approfondimenti Tecnici

Anni '80: Emergenza dei sistemi operativi personali

- **MS-DOS e Windows**: Con la diffusione dei personal computer, sistemi operativi come MS-DOS e Windows hanno reso i computer accessibili a un pubblico più ampio. Windows ha introdotto interfacce grafiche, semplificando l'interazione con il sistema.

Anni '90 e oltre: Espansione e specializzazione

- **Linux**: Sviluppato come un'alternativa open-source a Unix, Linux ha guadagnato popolarità per la sua flessibilità e personalizzazione. Ha portato all'emergere di molte distribuzioni e applicazioni server.
- **Sistemi real-time e embedded**: Con l'avanzare della tecnologia, sono emersi sistemi operativi specifici per applicazioni critiche e dispositivi embedded, come quelli utilizzati in automobili, smartphone e dispositivi IoT.

Oggi, i sistemi operativi continuano a evolversi per soddisfare le esigenze delle nuove tecnologie, inclusi cloud computing, virtualizzazione e intelligenza artificiale.

3. Tipi di sistemi operativi

I sistemi operativi possono essere classificati in diverse categorie in base al loro utilizzo e alle loro funzionalità. Alcuni dei principali tipi includono:

1. Sistemi Operativi Batch

Questi sistemi eseguono programmi in sequenza senza interazione dell'utente. I lavori vengono raggruppati e processati in batch, riducendo il tempo di inattività.

2. Sistemi Operativi Time-Sharing

Consentono a più utenti di utilizzare simultaneamente le risorse di un computer. Ogni utente ha accesso a una porzione del tempo della CPU, creando un'illusione di interazione in tempo reale.

3. Sistemi Operativi Real-Time

Progettati per applicazioni critiche, questi sistemi devono garantire risposte immediate a eventi esterni. Sono utilizzati in contesti come il controllo industriale e la medicina.

4. Sistemi Operativi Embedded

Questi sistemi sono integrati in dispositivi specifici e ottimizzati per svolgere compiti particolari. Sono comunemente trovati in elettrodomestici, automobili e dispositivi IoT.

Ogni tipo di sistema operativo è progettato per affrontare esigenze specifiche, garantendo che le risorse vengano utilizzate in modo efficiente e che gli utenti ottengano le prestazioni necessarie.

4. Funzioni principali di un sistema operativo

Un sistema operativo svolge diverse funzioni critiche che contribuiscono al suo funzionamento efficace:

1. Gestione dei Processi

Il sistema operativo crea, pianifica e termina i processi. Gestisce anche la comunicazione tra processi, garantendo che possano collaborare e condividere informazioni.

2. Gestione della Memoria

Il SO gestisce la memoria fisica e virtuale, assegnando spazi di memoria ai processi e garantendo che non interferiscano tra loro. Questo include la paginazione e la segmentazione.

3. Gestione dei File

I sistemi operativi forniscono un sistema per la creazione, archiviazione, lettura e scrittura di file. Gestiscono anche i permessi di accesso ai file, garantendo la sicurezza dei dati.

4. Interfaccia Utente

Il SO fornisce interfacce per l'interazione con l'utente, sia tramite interfacce a linea di comando (CLI) che grafiche (GUI). Questo consente agli utenti di interagire facilmente con il sistema e le applicazioni.

5. Gestione della Sicurezza

I sistemi operativi implementano misure di sicurezza per proteggere i dati e le risorse. Ciò include controlli di accesso, crittografia e audit per monitorare l'attività del sistema.

Queste funzioni lavorano insieme per garantire che il sistema operativo possa fornire un ambiente stabile e sicuro per l'esecuzione di applicazioni e processi.

Architettura dei Sistemi Operativi

1. Struttura di un sistema operativo

La struttura di un sistema operativo è composta da diversi componenti che lavorano insieme per gestire l'hardware e fornire servizi alle applicazioni. I principali componenti includono:

- Kernel

Il kernel è il cuore del sistema operativo. Gestisce le risorse hardware e fornisce servizi fondamentali come la gestione della memoria, la pianificazione dei processi e l'accesso ai dispositivi. Esistono diversi tipi di kernel, tra cui:

- **Monolitico**: Tutti i servizi del sistema operativo sono integrati in un unico programma. Questo approccio può offrire prestazioni elevate, ma è meno modulare e più difficile da mantenere.

- **Microkernel**: Solo le funzionalità essenziali sono incluse nel kernel, mentre i servizi aggiuntivi funzionano come processi separati. Questo aumenta la stabilità e la sicurezza, poiché i guasti in un servizio non influenzano l'intero sistema.

- **Ibrido**: Combina elementi dei kernel monolitici e microkernel, cercando di bilanciare prestazioni e modularità.

- Shell

La shell è l'interfaccia tramite cui gli utenti interagiscono con il sistema operativo. Può essere una shell a linea di comando, che consente l'immissione di comandi, o una shell grafica che offre un'interfaccia visiva per la navigazione e l'interazione.

- Interfaccia Utente

L'interfaccia utente (UI) è la parte del sistema operativo che consente agli utenti di interagire con il computer. Può variare da semplici interfacce testuali a complesse interfacce grafiche. La progettazione dell'interfaccia utente è fondamentale per garantire un'esperienza utente positiva.

2. Tipi di architetture

Le architetture dei sistemi operativi possono essere classificate in diversi modelli:

- Architettura Monolitica

In questo modello, il kernel e i servizi del sistema operativo sono strettamente integrati in un unico programma. Questo approccio consente comunicazioni rapide e dirette tra i vari componenti, ma può rendere il sistema meno flessibile e più difficile da aggiornare.

- Microkernel

Un microkernel è progettato per essere minimale, includendo solo le funzionalità più fondamentali del sistema operativo. I servizi aggiuntivi, come il file system e i driver di dispositivo, funzionano come processi separati. Questo modello offre una maggiore stabilità e sicurezza, poiché un guasto in un servizio secondario non influisce sull'intero sistema.

- Architettura a Strati

In questo modello, il sistema operativo è suddiviso in livelli. Ogni livello interagisce solo con il livello immediatamente sottostante. Questo approccio facilita la manutenzione e la modifica, poiché i cambiamenti in un livello non influenzano gli altri.

3. Gestione della memoria

La gestione della memoria è una delle funzioni più importanti di un sistema operativo. Essa si occupa di allocare e deallocare memoria per i processi in esecuzione e di garantire che non ci siano conflitti tra diversi processi.

- Memoria Fisica e Virtuale

La memoria fisica è la RAM effettivamente installata nel computer, mentre la memoria virtuale è una tecnica che consente di utilizzare spazio su disco rigido come un'estensione della memoria RAM. La gestione della memoria virtuale consente di eseguire più applicazioni contemporaneamente senza esaurire la RAM.

- Paginazione

La paginazione è una tecnica di gestione della memoria che suddivide la memoria in pagine di dimensioni fisse. Quando un processo richiede memoria, il sistema operativo assegna pagine di memoria fisica, consentendo una gestione più efficiente della memoria.

- Segmentazione

La segmentazione è un altro metodo di gestione della memoria, che divide la memoria in segmenti di dimensioni variabili. Ogni segmento rappresenta una parte logica del programma, facilitando la gestione di programmi complessi.

4. Gestione dei processi

La gestione dei processi è un'altra funzione fondamentale di un sistema operativo. Essa si occupa di creare, pianificare e terminare i processi.

- Creazione dei Processi

Quando un utente avvia un'applicazione, il sistema operativo crea un nuovo processo. Questo comporta l'allocazione di risorse come la memoria e la CPU, oltre alla creazione di un contesto di esecuzione per il processo.

- Pianificazione dei Processi

Il sistema operativo utilizza algoritmi di pianificazione per decidere quale processo deve essere eseguito in un dato momento. Esistono diversi algoritmi di pianificazione, tra cui:

- **Round Robin**: Ogni processo riceve un intervallo di tempo fisso per l'esecuzione, dopo di che il controllo passa al processo successivo.

- **Priorità**: I processi vengono eseguiti in base a una priorità assegnata, consentendo ai processi più importanti di ottenere più tempo di CPU.

- Terminazione dei Processi

Una volta completata l'esecuzione, il processo deve essere terminato. Il sistema operativo libera le risorse allocate e aggiorna le strutture dati per riflettere il termine del processo.

5. Gestione dei file

La gestione dei file è una funzione essenziale di un sistema operativo, poiché si occupa dell'archiviazione, dell'organizzazione e della protezione dei dati.

- Struttura dei File

I file possono essere organizzati in directory e sottodirectory. Ogni file ha un nome e una struttura che determina come i dati sono memorizzati e recuperati.

- Operazioni sui File

Il sistema operativo fornisce un insieme di operazioni per gestire i file, tra cui:

- **Creazione**: Creazione di nuovi file e directory.
- **Lettura**: Recupero dei dati da un file.
- **Scrittura**: Aggiornamento dei dati in un file esistente.
- **Eliminazione**: Rimozione di file e directory.

- Sicurezza dei File

Il sistema operativo implementa misure di sicurezza per proteggere i file. Ciò include la gestione dei permessi di accesso e la crittografia per proteggere i dati sensibili.

6. Interfaccia utente

L'interfaccia utente è la parte del sistema operativo che consente agli utenti di interagire con il computer. Esistono diversi tipi di interfacce utente, tra cui:

- Interfacce a Linea di Comando (CLI)

Le interfacce a linea di comando consentono agli utenti di immettere comandi testuali per interagire con il sistema operativo. Questo tipo di interfaccia offre maggiore flessibilità e controllo, ma richiede una certa familiarità con i comandi.

- Interfacce Grafiche (GUI)

Le interfacce grafiche utilizzano elementi visivi, come finestre, pulsanti e menu, per consentire agli utenti di interagire con il sistema operativo in modo intuitivo. Le GUI sono più facili da usare per la maggior parte degli utenti e sono ampiamente utilizzate nei moderni sistemi operativi.

- Interfacce Touch

Con l'aumento dei dispositivi mobili, le interfacce touch sono diventate sempre più comuni. Gli utenti possono interagire con il sistema operativo toccando lo schermo, rendendo l'esperienza utente ancora più intuitiva.

Conclusioni

1. Storia dei Sistemi Operativi

1.1. Origini dei Sistemi Operativi

Anni '50 e '60

Nelle prime fasi dello sviluppo dell'informatica, i computer erano enormi macchinari gestiti da operatori umani. Questi operatori caricavano manualmente i programmi su nastri perforati o schede perforate. Ogni esecuzione richiedeva un notevole tempo di inattività, poiché gli operatori dovevano attendere che il computer completasse l'esecuzione prima di caricare il successivo. Questa modalità di lavoro era inefficiente e rappresentava una grande limitazione nella produttività. Durante questi anni, la necessità di migliorare l'efficienza portò all'idea di sistemi di lavorazione in batch.

Batch Processing

L'introduzione del **batch processing** rappresentò una significativa evoluzione. Questo metodo consentiva l'esecuzione automatica di sequenze di programmi senza intervento umano. I programmi venivano raccolti in un "batch" e inviati al computer per l'esecuzione. Il sistema operativo iniziava a gestire l'allocazione delle risorse e l'assegnazione del tempo di CPU, migliorando l'efficienza e riducendo i tempi di inattività. Tuttavia, il batch processing presentava svantaggi, come la difficoltà di ottenere feedback immediato dagli utenti.

Multitasking

Con l'avanzare della tecnologia, si svilupparono sistemi operativi che supportavano il **multitasking**. Il **CTSS** (Compatible Time-Sharing System) fu uno dei primi sistemi a implementare questa funzionalità, consentendo a più utenti di accedere simultaneamente alla CPU. Questo fu un cambiamento fondamentale, poiché rese possibile l'uso condiviso di un singolo computer, aumentando notevolmente la produttività e democratizzando l'accesso all'informatica.

1.2. Evoluzione dei Sistemi Operativi

Anni '70 e '80

Con l'emergere delle workstation e dei mini computer, i sistemi operativi iniziarono a diversificarsi. **Unix**, sviluppato nei primi anni '70, rappresentò un significativo passo avanti, offrendo un sistema operativo multiutente e multitasking che avrebbe influenzato profondamente il design dei successivi sistemi operativi. Le sue caratteristiche di portabilità e modularità resero Unix un favorito tra gli sviluppatori e portarono alla creazione di molte varianti e distribuzioni.

Anni '90

Negli anni '90, i sistemi operativi per desktop come **Windows** e **Mac OS** iniziarono a dominare il mercato. Questi sistemi resero l'informatica più accessibile al grande pubblico, introducendo interfacce grafiche utente (GUI) che semplificarono l'interazione con i computer. Windows 95, in particolare, rappresentò un cambiamento radicale, con la sua interfaccia intuitiva e le sue capacità di multitasking.

Anni 2000 e oltre

Con l'avvento del nuovo millennio, l'integrazione dei sistemi operativi nei dispositivi mobili divenne un fenomeno centrale. **Android** e **iOS** emersero come i principali contendenti nel mercato degli smartphone, modificando il modo in cui gli utenti interagiscono con la tecnologia. Questi sistemi operativi erano progettati per ottimizzare l'esperienza mobile, utilizzando touch screen e connessioni sempre attive, aprendo la strada a un nuovo paradigma di utilizzo della tecnologia.

---

2. Architettura dei Sistemi Operativi

2.1. Architettura Monolitica

L'architettura monolitica è caratterizzata dall'integrazione di tutte le funzionalità del sistema operativo in un unico blocco di codice. Questa struttura consente un'accesso rapido alle risorse hardware, poiché tutte le funzioni del kernel possono interagire direttamente senza la necessità di interfacce esterne. Tuttavia, presenta anche svantaggi, come la difficoltà di manutenzione e la complessità nel debug, poiché ogni modifica può influenzare l'intero sistema operativo.

2.2. Architettura Microkernel

L'architettura microkernel si basa su un principio di minimalismo, dove solo le funzioni fondamentali sono implementate nel kernel. Tutte le altre funzionalità, come la gestione dei file e della rete, sono gestite come processi utente separati. Questo approccio consente maggiore flessibilità e facilita la manutenzione, poiché i componenti possono essere aggiornati o sostituiti senza influire sull'intero sistema.

2.3. Architettura a Strati

L'architettura a strati organizza le funzioni del sistema operativo in livelli, ognuno dei quali si occupa di un aspetto specifico della gestione del sistema. Questo modello semplifica la progettazione e la manutenzione, poiché i livelli superiori possono interagire solo con i livelli immediatamente sottostanti, migliorando l'isolamento dei componenti e facilitando la risoluzione dei problemi.

3. Funzionalità dei Sistemi Operativi

3.1. Gestione della Memoria

La gestione della memoria è una delle funzioni fondamentali di un sistema operativo. Essa comprende l'allocazione e la deallocazione della memoria per i processi, garantendo che ogni applicazione abbia accesso alla memoria necessaria per funzionare. Tecniche come la **paginazione** e la **segmentazione** sono utilizzate per gestire l'uso della memoria in modo efficiente. La **memoria virtuale** consente inoltre di estendere l'uso della memoria fisica, permettendo ai processi di utilizzare più memoria di quella effettivamente disponibile.

3.2. Gestione dei Processi

La gestione dei processi implica la creazione, la pianificazione e la terminazione dei processi. Ogni volta che un utente avvia un'applicazione, il sistema operativo crea un processo e ne assegna le risorse necessarie. Algoritmi di **scheduling** sono utilizzati per determinare quale processo riceverà accesso alla CPU in un dato momento, ottimizzando l'efficienza e la reattività del sistema. La gestione della concorrenza è cruciale in ambienti multiutente e multitasking, garantendo che i processi possano operare senza conflitti.

3.3. Gestione dei File

La gestione dei file è responsabile della creazione, lettura, scrittura ed eliminazione di file all'interno del sistema. I sistemi operativi implementano strutture di dati come i **file system** per organizzare e gestire i file su dispositivi di memorizzazione. Le considerazioni sulla sicurezza e sui permessi sono fondamentali, poiché ogni file può avere diritti di accesso specifici che determinano chi può visualizzarlo o modificarlo.

3.4. Interfaccia Utente

L'interfaccia utente è il punto di interazione tra l'utente e il sistema operativo. Essa può includere interfacce a linea di comando (CLI), che richiedono all'utente di digitare comandi, o interfacce grafiche (GUI), che utilizzano icone e finestre per facilitare l'interazione. Con l'aumento dell'uso di dispositivi mobili, le interfacce touch sono diventate sempre più popolari, ottimizzando l'esperienza utente attraverso interazioni tactile.

4. Tipi di Sistemi Operativi

4.1. Sistemi Operativi Desktop

I sistemi operativi desktop come **Windows**, **macOS** e **Linux** sono progettati per l'uso su computer personali. Offrono un'interfaccia utente intuitiva e una vasta gamma di applicazioni per soddisfare le esigenze degli utenti finali. Windows è noto per la sua compatibilità con un'ampia varietà di software, mentre macOS è apprezzato per la sua integrazione con l'ecosistema Apple.

4.2. Sistemi Operativi per Server

I sistemi operativi per server come **Windows Server** e **Linux Server** sono ottimizzati per gestire carichi di lavoro pesanti e fornire servizi di rete. Questi sistemi offrono funzionalità avanzate per la gestione della rete, la sicurezza e la scalabilità, rendendoli ideali per l'uso in ambienti aziendali e nei data center.

4.3. Sistemi Operativi Mobili

I sistemi operativi mobili come **Android** e **iOS** sono progettati specificamente per dispositivi portatili, come smartphone e tablet. Offrono interfacce ottimizzate per il touchscreen e sono progettati per gestire applicazioni mobili, consentendo l'accesso a Internet e servizi basati su app.

4.4. Sistemi Operativi Embeddati

I sistemi operativi embeddati sono utilizzati in dispositivi specializzati, come elettrodomestici, automobili e sistemi di controllo industriale. Questi sistemi sono progettati per operare in tempo reale e ottimizzare le risorse, consentendo il funzionamento efficiente di dispositivi con hardware limitato.

---

5. Tendenze Future nei Sistemi Operativi

5.1. Virtualizzazione

La virtualizzazione continua a guadagnare slancio, consentendo di eseguire più sistemi operativi su un singolo hardware fisico. Questa tecnologia sta rivoluzionando il modo in cui le aziende gestiscono le loro infrastrutture IT, aumentando l'efficienza e riducendo i costi.

5.2. Sicurezza Avanzata

Con l'aumento delle minacce informatiche, la sicurezza dei sistemi operativi diventa sempre più cruciale. Le tecnologie di crittografia, l'autenticazione multifattoriale e le strategie di sandboxing stanno diventando standard per proteggere i dati degli utenti.

5.3. Edge Computing

Con l'emergere dell'Internet delle Cose (IoT), l'edge computing sta cambiando il panorama dei sistemi operativi. Questa tecnologia consente l'elaborazione dei dati più vicino alla fonte di raccolta, riducendo la latenza e migliorando l'efficienza delle applicazioni.

---

1. Storia dei Sistemi Operativi

1.1. Origini dei Sistemi Operativi

Anni '50 e '60

Nelle prime fasi dello sviluppo dell'informatica, i computer erano enormi macchinari gestiti da operatori umani. Questi operatori caricavano manualmente i programmi su nastri perforati o schede perforate. Ogni esecuzione richiedeva un notevole tempo di inattività, poiché gli operatori dovevano attendere che il computer completasse l'esecuzione prima di caricare il successivo. Questa modalità di lavoro era inefficiente e rappresentava una grande limitazione nella produttività. Durante questi anni, la necessità di migliorare l'efficienza portò all'idea di sistemi di lavorazione in batch.

Batch Processing

L'introduzione del **batch processing** rappresentò una significativa evoluzione. Questo metodo consentiva l'esecuzione automatica di sequenze di programmi senza intervento umano. I programmi venivano raccolti in un "batch" e inviati al computer per l'esecuzione. Il sistema operativo iniziava a gestire l'allocazione delle risorse e l'assegnazione del tempo di CPU, migliorando l'efficienza e riducendo i tempi di inattività. Tuttavia, il batch processing presentava svantaggi, come la difficoltà di ottenere feedback immediato dagli utenti.

Multitasking

Con l'avanzare della tecnologia, si svilupparono sistemi operativi che supportavano il **multitasking**. Il **CTSS** (Compatible Time-Sharing System) fu uno dei primi sistemi a implementare questa funzionalità, consentendo a più utenti di accedere simultaneamente alla CPU. Questo fu un cambiamento fondamentale, poiché rese possibile l'uso condiviso di un singolo computer, aumentando notevolmente la produttività e democratizzando l'accesso all'informatica.

1.2. Evoluzione dei Sistemi Operativi

Anni '70 e '80

Con l'emergere delle workstation e dei mini computer, i sistemi operativi iniziarono a diversificarsi. **Unix**, sviluppato nei primi anni '70, rappresentò un significativo passo avanti, offrendo un sistema operativo multiutente e multitasking che avrebbe influenzato profondamente il design dei successivi sistemi operativi. Le sue caratteristiche di portabilità e modularità resero Unix un favorito tra gli sviluppatori e portarono alla creazione di molte varianti e distribuzioni.

Anni '90

Negli anni '90, i sistemi operativi per desktop come **Windows** e **Mac OS** iniziarono a dominare il mercato. Questi sistemi resero l'informatica più accessibile al grande pubblico, introducendo interfacce grafiche utente (GUI) che semplificarono l'interazione con i computer. Windows 95, in particolare, rappresentò un cambiamento radicale, con la sua interfaccia intuitiva e le sue capacità di multitasking.

Anni 2000 e oltre

Con l'avvento del nuovo millennio, l'integrazione dei sistemi operativi nei dispositivi mobili divenne un fenomeno centrale. **Android** e **iOS** emersero come i principali contendenti nel mercato degli smartphone, modificando il modo in cui gli utenti interagiscono con la tecnologia. Questi sistemi operativi erano progettati per ottimizzare l'esperienza mobile, utilizzando touch screen e connessioni sempre attive, aprendo la strada a un nuovo paradigma di utilizzo della tecnologia.

---

2. Architettura dei Sistemi Operativi

2.1. Architettura Monolitica

L'architettura monolitica è caratterizzata dall'integrazione di tutte le funzionalità del sistema operativo in un unico blocco di codice. Questa struttura consente un'accesso rapido alle risorse hardware, poiché tutte le funzioni del kernel possono interagire direttamente senza la necessità di interfacce esterne. Tuttavia, presenta anche svantaggi, come la difficoltà di manutenzione e la complessità nel debug, poiché ogni modifica può influenzare l'intero sistema operativo.

2.2. Architettura Microkernel

L'architettura microkernel si basa su un principio di minimalismo, dove solo le funzioni fondamentali sono implementate nel kernel. Tutte le altre funzionalità, come la gestione dei file e della rete, sono gestite come processi utente separati. Questo approccio consente maggiore flessibilità e facilita la manutenzione, poiché i componenti possono essere aggiornati o sostituiti senza influire sull'intero sistema.

2.3. Architettura a Strati

L'architettura a strati organizza le funzioni del sistema operativo in livelli, ognuno dei quali si occupa di un aspetto specifico della gestione del sistema. Questo modello semplifica la progettazione e la manutenzione, poiché i livelli superiori possono interagire solo con i livelli immediatamente sottostanti, migliorando l'isolamento dei componenti e facilitando la risoluzione dei problemi.

3. Funzionalità dei Sistemi Operativi

3.1. Gestione della Memoria

La gestione della memoria è una delle funzioni fondamentali di un sistema operativo. Essa comprende l'allocazione e la deallocazione della memoria per i processi, garantendo che ogni applicazione abbia accesso alla memoria necessaria per funzionare. Tecniche come la **paginazione** e la **segmentazione** sono utilizzate per gestire l'uso della memoria in modo efficiente. La **memoria virtuale** consente inoltre di estendere l'uso della memoria fisica, permettendo ai processi di utilizzare più memoria di quella effettivamente disponibile.

3.2. Gestione dei Processi

La gestione dei processi implica la creazione, la pianificazione e la terminazione dei processi. Ogni volta che un utente avvia un'applicazione, il sistema operativo crea un processo e ne assegna le risorse necessarie. Algoritmi di **scheduling** sono utilizzati per determinare quale processo riceverà accesso alla CPU in un dato momento, ottimizzando l'efficienza e la reattività del sistema. La gestione della concorrenza è cruciale in ambienti multiutente e multitasking, garantendo che i processi possano operare senza conflitti.

3.3. Gestione dei File

La gestione dei file è responsabile della creazione, lettura, scrittura ed eliminazione di file all'interno del sistema. I sistemi operativi implementano strutture di dati come i **file system** per organizzare e gestire i file su dispositivi di memorizzazione. Le considerazioni sulla sicurezza e sui permessi sono fondamentali, poiché ogni file può avere diritti di accesso specifici che determinano chi può visualizzarlo o modificarlo.

3.4. Interfaccia Utente

L'interfaccia utente è il punto di interazione tra l'utente e il sistema operativo. Essa può includere interfacce a linea di comando (CLI), che richiedono all'utente di digitare comandi, o interfacce grafiche (GUI), che utilizzano icone e finestre per facilitare l'interazione. Con l'aumento dell'uso di dispositivi mobili, le interfacce touch sono diventate sempre più popolari, ottimizzando l'esperienza utente attraverso interazioni tactile.

4. Tipi di Sistemi Operativi

4.1. Sistemi Operativi Desktop

I sistemi operativi desktop come **Windows, macOS** e **Linux** sono progettati per l'uso su computer personali. Offrono un'interfaccia utente intuitiva e una vasta gamma di applicazioni per soddisfare le esigenze degli utenti finali. Windows è noto per la sua compatibilità con un'ampia varietà di software, mentre macOS è apprezzato per la sua integrazione con l'ecosistema Apple.

4.2. Sistemi Operativi per Server

I sistemi operativi per server come **Windows Server** e **Linux Server** sono ottimizzati per gestire carichi di lavoro pesanti e fornire servizi di rete. Questi sistemi offrono funzionalità avanzate per la gestione della rete, la sicurezza e la scalabilità, rendendoli ideali per l'uso in ambienti aziendali e nei data center.

4.3. Sistemi Operativi Mobili

I sistemi operativi mobili come **Android** e **iOS** sono progettati specificamente per dispositivi portatili, come smartphone e tablet. Offrono interfacce ottimizzate per il touchscreen e sono progettati per gestire applicazioni mobili, consentendo l'accesso a Internet e servizi basati su app.

4.4. Sistemi Operativi Embeddati

I sistemi operativi embeddati sono utilizzati in dispositivi specializzati, come elettrodomestici, automobili e sistemi di controllo industriale. Questi sistemi sono progettati per operare in tempo reale e ottimizzare le risorse, consentendo il funzionamento efficiente di dispositivi con hardware limitato.

---

5. Tendenze Future nei Sistemi Operativi

5.1. Virtualizzazione

La virtualizzazione continua a guadagnare slancio, consentendo di eseguire più sistemi operativi su un singolo hardware fisico. Questa tecnologia sta rivoluzionando il modo in cui le aziende gestiscono le loro infrastrutture IT, aumentando l'efficienza e riducendo i costi.

5.2. Sicurezza Avanzata

Con l'aumento delle minacce informatiche, la sicurezza dei sistemi operativi diventa sempre più cruciale. Le tecnologie di crittografia, l'autenticazione multifattoriale e le strategie di sandboxing stanno diventando standard per proteggere i dati degli utenti.

5.3. Edge Computing

Con l'emergere dell'Internet delle Cose (IoT), l'edge computing sta cambiando il panorama dei sistemi operativi. Questa tecnologia consente l'elaborazione dei dati più vicino alla fonte di raccolta, riducendo la latenza e migliorando l'efficienza delle applicazioni.

Documento di Ricerca sui Sistemi Operativi

Introduzione

- **Definizione di Sistema Operativo**: Cos'è un sistema operativo e il suo ruolo nel computer.
- **Importanza dei Sistemi Operativi**: Perché sono fondamentali per il funzionamento dei computer e dei dispositivi moderni.
- **Obiettivi della Ricerca**: Cosa ci si propone di esplorare nel documento.

Capitolo 1: Storia dei Sistemi Operativi

1.1 Evoluzione dei Sistemi Operativi

- **Sistemi Operativi Pre-1960**: Cenni storici sui primi sistemi operativi e l'uso di batch processing.
- **Sistemi Operativi degli Anni '60 e '70**: Introduzione a sistemi come CTSS e MULTICS.
- **Sistemi Operativi Moderni**: Evoluzione da UNIX a Linux e Windows.

1.2 Riconoscimenti e Innovazioni

- **Innovazioni Tecnologiche**: Funzioni chiave che hanno trasformato i sistemi operativi nel tempo.
- **Contributi Notabili**: Importanza di figure come Ken Thompson e Linus Torvalds.

Capitolo 2: Architettura dei Sistemi Operativi

2.1 Struttura di un Sistema Operativo

- **Kernel**: Funzioni e responsabilità del kernel.
- **Interfaccia Utente**: Differenze tra CLI e GUI.
- **Gestione delle Risorse**: Come un sistema operativo gestisce CPU, memoria e I/O.

2.2 Tipi di Sistemi Operativi

- **Sistemi Operativi Monolitici**: Descrizione e esempi (es. Linux).
- **Sistemi Operativi Microkernel**: Descrizione e vantaggi (es. Minix).
- **Sistemi Operativi a Vettore**: Esempi e utilizzo (es. Windows, macOS).

Capitolo 3: Funzioni Principali dei Sistemi Operativi

3.1 Gestione dei Processi

- **Creazione e Terminazione dei Processi**: Come i processi vengono gestiti dal sistema.
- **Pianificazione dei Processi**: Algoritmi di scheduling (FIFO, Round Robin, SJF).
- **Sincronizzazione e Comunicazione**: Tecniche per la comunicazione tra processi.

3.2 Gestione della Memoria

- **Tipi di Memoria**: RAM, cache, memoria virtuale.
- **Allocazione della Memoria**: Strategie di allocazione e deallocazione.
- **Pagging e Segmentazione**: Tecniche per la gestione della memoria.

3.3 Gestione dei File

- **Sistemi di File**: Strutture e organizzazione (es. FAT, NTFS).
- **Operazioni sui File**: Creazione, lettura, scrittura e cancellazione di file.
- **Sicurezza e Accesso ai File**: Controlli di accesso e autorizzazione.

3.4 Gestione delle I/O

- **Dispositivi di I/O**: Tipi e funzionamento.
- **Driver di Dispositivo**: Ruolo e importanza.
- **Tecniche di I/O**: Programmed I/O, Interrupt-driven I/O, Direct Memory Access (DMA).

Capitolo 4: Sistemi Operativi in Contesti Diversi

4.1 Sistemi Operativi Desktop

- **Windows**: Caratteristiche, versione e utilizzo.
- **macOS**: Caratteristiche, versione e utilizzo.
- **Linux**: Distro più popolari e utilizzo.

4.2 Sistemi Operativi Mobili

- **Android**: Architettura e caratteristiche principali.
- **iOS**: Architettura e caratteristiche principali.
- **Sistemi Operativi Alternativi**: Tizen, Windows Mobile.

4.3 Sistemi Operativi per Server

- **Windows Server**: Caratteristiche e utilizzo in ambienti aziendali.
- **Linux Server**: Popolarità e distribuzioni comuni (es. Ubuntu Server, CentOS).
- **Sistemi Operativi per Mainframe**: IBM z/OS e utilizzo.

Capitolo 5: Tendenze Futuri nei Sistemi Operativi

5.1 Virtualizzazione

- **Definizione e Vantaggi**: Cos'è la virtualizzazione e perché è importante.
- **Hypervisor**: Tipi di hypervisor e il loro funzionamento.

5.2 Containerizzazione

- **Docker e Kubernetes**: Come funzionano e i loro vantaggi.
- **Confronto tra Virtualizzazione e Containerizzazione**.

5.3 Edge Computing e IoT

- **Sistemi Operativi per IoT**: Importanza dei sistemi operativi leggeri.
- **Ruolo dell'Edge Computing**: Come i sistemi operativi stanno evolvendo per supportare edge computing.

Capitolo 6: Sicurezza nei Sistemi Operativi

6.1 Minacce e Vulnerabilità

- **Tipi di Minacce**: Malware, phishing, attacchi DDoS.
- **Vulnerabilità Comuni**: Esempi di vulnerabilità nei sistemi operativi.

6.2 Misure di Sicurezza

- **Antivirus e Firewalls**: Importanza nella protezione dei sistemi.
- **Aggiornamenti e Patch**: La loro importanza nella sicurezza.

6.3 Sicurezza Avanzata

- **Sicurezza Basata su Hardware**: TPM e secure boot.
- **Sistemi Operativi Sicuri**: Esempi e caratteristiche (es. Qubes OS).

Capitolo 7: Conclusioni

- **Riflessioni Finali**: Riflessioni sull'importanza dei sistemi operativi nella tecnologia moderna.
- **Prospettive Future**: Possibili sviluppi e innovazioni nei sistemi operativi.

Riferimenti

- **Libri e Articoli Accademici**: Elenco di fonti utilizzate per la ricerca.
- **Siti Web e Risorse Online**: Link a documentazione e risorse utili.

Appendice

- **Glossario dei Termini**: Definizioni dei termini tecnici utilizzati nel documento.
- **Grafici e Tabelle**: Visualizzazioni utili per supportare i dati presentati nel documento.

Documento di Ricerca sui Sistemi Operativi

Introduzione

Definizione di Sistema Operativo

Un sistema operativo (SO) è un software fondamentale che gestisce le risorse hardware e software di un computer. Fornisce un'interfaccia tra l'utente e l'hardware, consentendo la gestione delle operazioni di base come la gestione dei file, la memoria e i processi.

Importanza dei Sistemi Operativi

I sistemi operativi sono cruciali per il funzionamento dei computer moderni e dei dispositivi mobili. Svolgono un ruolo vitale nella stabilità, sicurezza e prestazioni complessive dei sistemi, facilitando l'esecuzione di applicazioni e servizi.

Obiettivi della Ricerca

Questa ricerca mira a esplorare la storia, l'architettura, le funzioni principali, i contesti di utilizzo e le tendenze future dei sistemi operativi, fornendo una panoramica completa su come queste tecnologie influenzano il nostro mondo digitale.

Capitolo 1: Storia dei Sistemi Operativi

1.1 Evoluzione dei Sistemi Operativi

Sistemi Operativi Pre-1960

Negli anni '50, i primi computer non avevano un sistema operativo. Gli utenti dovevano scrivere programmi in linguaggio macchina e caricarli manualmente. L'uso di batch processing iniziò a emergere con sistemi come il FORTRAN Monitor System, che gestiva l'esecuzione sequenziale dei programmi.

Sistemi Operativi degli Anni '60 e '70

L'introduzione di sistemi come CTSS (Compatible Time-Sharing System) e MULTICS (Multiplexed Information and Computing Service) rivoluzionò il calcolo, consentendo il time-sharing e il multitasking.

Moderna Architettura dei Sistemi Operativi Ubuntu: Compatibilità con Architetture Intel e Approfondimenti Tecnici

Sistemi Operativi Moderni

Con l'arrivo di UNIX nei primi anni '70, il concetto di un sistema operativo portabile e multitasking si affermò. Questo portò all'emergere di varianti come Linux e sistemi proprietari come Windows, ognuno con le proprie peculiarità.

1.2 Riconoscimenti e Innovazioni

Innovazioni Tecnologiche

Le innovazioni chiave includono il time-sharing, il multitasking, la gestione della memoria virtuale e i sistemi di file gerarchici. Ogni innovazione ha contribuito a migliorare l'efficienza e la usabilità dei sistemi operativi.

Contributi Notabili

Figure come Ken Thompson, co-creatore di UNIX, e Linus Torvalds, fondatore di Linux, hanno avuto un impatto significativo nello sviluppo dei sistemi operativi. Le loro visioni hanno portato alla creazione di sistemi robusti e versatili.

Capitolo 2: Architettura dei Sistemi Operativi

2.1 Struttura di un Sistema Operativo

Kernel

Il kernel è il cuore del sistema operativo, responsabile della gestione delle risorse hardware. Funziona come intermediario tra le applicazioni e l'hardware, gestendo operazioni come la pianificazione dei processi e la gestione della memoria.

Interfaccia Utente

Esistono due tipi principali di interfacce utente: la Command-Line Interface (CLI) e la Graphical User Interface (GUI). La CLI è più efficiente per gli utenti esperti, mentre la GUI è più accessibile per il pubblico generale.

Gestione delle Risorse

Un sistema operativo gestisce le risorse come CPU, memoria e dispositivi di I/O, garantendo che ciascuna applicazione riceva le risorse necessarie per funzionare senza conflitti.

2.2 Tipi di Sistemi Operativi

Sistemi Operativi Monolitici

Questi sistemi, come Linux, hanno un kernel che gestisce tutte le funzioni del sistema operativo. Questo approccio offre alta performance ma può risultare complesso nella gestione.

Moderna Architettura dei Sistemi Operativi Ubuntu: Compatibilità con Architetture Intel e Approfondimenti Tecnici

Sistemi Operativi Microkernel

Minix è un esempio di microkernel che implementa solo le funzioni essenziali nel kernel, delegando altre funzioni a processi utente. Questo approccio aumenta la modularità e la stabilità.

Sistemi Operativi a Vettore

Sistemi come Windows e macOS utilizzano un'architettura più complessa, combinando elementi di microkernel e monolitico per gestire l'interfaccia utente e le applicazioni.

Capitolo 3: Funzioni Principali dei Sistemi Operativi

3.1 Gestione dei Processi

Creazione e Terminazione dei Processi

Il sistema operativo gestisce la creazione di nuovi processi e la loro terminazione, garantendo che le risorse siano allocate e liberate correttamente.

Pianificazione dei Processi

Gli algoritmi di scheduling come First In, First Out (FIFO), Round Robin e Shortest Job First (SJF) determinano l'ordine in cui i processi vengono eseguiti.

Sincronizzazione e Comunicazione

Tecniche come i semafori e i mutex vengono utilizzate per garantire la sincronizzazione tra processi e permettere la comunicazione sicura.

3.2 Gestione della Memoria

Tipi di Memoria

La RAM, la cache e la memoria virtuale sono tutte gestite dal sistema operativo per garantire che i programmi funzionino in modo efficiente.

Allocazione della Memoria

Strategie di allocazione come il paging e la segmentazione permettono un utilizzo ottimale della memoria.

3.3 Gestione dei File

Sistemi di File

I sistemi di file come FAT (File Allocation Table) e NTFS (New Technology File System) organizzano i dati su disco e gestiscono l'accesso.

Operazioni sui File

Le operazioni di creazione, lettura, scrittura e cancellazione di file sono gestite attraverso chiamate di sistema.

Sicurezza e Accesso ai File

Controlli di accesso e autorizzazioni garantiscono che solo gli utenti autorizzati possano accedere o modificare i file.

3.4 Gestione delle I/O

Dispositivi di I/O

Il sistema operativo gestisce vari tipi di dispositivi di input/output, assicurando una comunicazione efficace tra l'hardware e le applicazioni.

Driver di Dispositivo

I driver sono software che consentono al sistema operativo di comunicare con l'hardware, traducendo le istruzioni del sistema in comandi comprensibili dai dispositivi.

Tecniche di I/O

Metodi come Programmed I/O, Interrupt-driven I/O e Direct Memory Access (DMA) influenzano l'efficienza delle operazioni di I/O.

Capitolo 4: Sistemi Operativi in Contesti Diversi

4.1 Sistemi Operativi Desktop

Windows

Le diverse versioni di Windows, come Windows 10 e Windows 11, presentano caratteristiche uniche che ne influenzano l'usabilità e la sicurezza.

macOS

Il sistema operativo di Apple si distingue per la sua integrazione con l'hardware e la sua interfaccia utente intuitiva.

Linux

Le distribuzioni più popolari, come Ubuntu, Fedora e Debian, offrono vari livelli di supporto e usabilità, soddisfacendo le esigenze di diversi utenti.

4.2 Sistemi Operativi Mobili

Android

Architettura basata su Linux, Android è personalizzabile e ampiamente utilizzato in dispositivi mobili.

iOS

Il sistema operativo di Apple per iPhone e iPad, noto per la sua sicurezza e l'ecosistema chiuso.

Sistemi Operativi Alternativi

Sistemi come Tizen e Windows Mobile hanno cercato di competere nel mercato mobile, con successi variabili.

4.3 Sistemi Operativi per Server

Windows Server

Utilizzato in ambienti aziendali, Windows Server offre strumenti di gestione e sicurezza avanzati.

Linux Server

La popolarità di distribuzioni come Ubuntu Server e CentOS è aumentata grazie alla loro stabilità e flessibilità.

Sistemi Operativi per Mainframe

IBM z/OS è un esempio di sistema operativo progettato per gestire carichi di lavoro intensivi in contesti aziendali.

Capitolo 5: Tendenze Futuri nei Sistemi Operativi

5.1 Virtualizzazione

Definizione e Vantaggi

La virtualizzazione consente di eseguire più sistemi operativi su un singolo hardware, ottimizzando l'uso delle risorse.

Hypervisor

I tipi di hypervisor, come Type 1 (bare metal) e Type 2 (hosted), hanno un ruolo cruciale nell'implementazione della virtualizzazione.

5.2 Containerizzazione

Docker e Kubernetes

Questi strumenti semplificano la creazione e la gestione di ambienti applicativi isolati, migliorando l'efficienza e la portabilità.

Confronto tra Virtualizzazione e Containerizzazione

La containerizzazione offre vantaggi in termini di prestazioni e utilizzo delle risorse rispetto alla virtualizzazione tradizionale.

5.3 Edge Computing e IoT

Sistemi Operativi per IoT

I sistemi operativi leggeri, come RIOT e FreeRTOS, sono progettati per gestire dispositivi a bassa potenza e risorse limitate.

Impatto dell'Edge Computing

L'edge computing riduce la latenza e migliora l'efficienza elaborando i dati più vicino alla sorgente.

5.4 Sicurezza nei Sistemi Operativi

Minacce e Vulnerabilità

Le minacce informatiche richiedono sistemi operativi sempre più sicuri, implementando misure di protezione avanzate.

Sicurezza Basata su Software

Tecnologie come l'autenticazione a più fattori e la crittografia avanzata sono essenziali per garantire la sicurezza dei sistemi operativi moderni.

Conclusione

Riflessioni Finali

I sistemi operativi continuano a evolversi, adattandosi alle nuove tecnologie e alle esigenze degli utenti. Con l'emergere di tendenze come la virtualizzazione, la containerizzazione e l'edge computing, il futuro dei sistemi operativi promette innovazioni entusiasmanti.

Introduzione alla Sicurezza Informatica

- **Storia della Sicurezza Informatica nei Sistemi Operativi**
- **Fondamenti di Sicurezza nei Sistemi Operativi**
- **Modelli di Sicurezza e Controllo degli Accessi**
- **Autenticazione e Autorizzazione**
- **Gestione delle Identità Digitali**
- **Autenticazione a Fattori Multipli (MFA)**
- **Crittografia e Sistemi Operativi**

Moderna Architettura dei Sistemi Operativi Ubuntu: Compatibilità con Architetture Intel e Approfondimenti Tecnici

- File System Sicuri
- Concetti di Firewalling e Sicurezza di Rete
- Strumenti di Rilevamento delle Intrusioni
- Antivirus e Antimalware
- Sicurezza delle Applicazioni nei Sistemi Operativi
- Virtualizzazione e Sicurezza dei Container
- Sicurezza del Cloud Computing
- Protezione dei Sistemi Operativi Mobili
- Architettura di Sicurezza in Linux
- Architettura di Sicurezza in Windows
- Architettura di Sicurezza in macOS
- Sicurezza nei Sistemi Embedded
- Politiche di Sicurezza Aziendali
- Normative e Conformità nella Sicurezza Informatica
- Analisi delle Minacce Moderne
- Attacchi e Exploit più Diffusi
- Sicurezza delle Reti Wireless
- Gestione dei Certificati e PKI
- Monitoraggio e Logging dei Sistemi
- Risposta agli Incidenti di Sicurezza
- Analisi Forense nei Sistemi Operativi
- Machine Learning per la Sicurezza Informatica
- Intelligenza Artificiale nella Sicurezza
- Gestione dei Rischi in Sicurezza Informatica
- Framework di Sicurezza: NIST, ISO e altri
- Tecniche di Penetration Testing
- Analisi delle Vulnerabilità
- Sicurezza delle Basi di Dati
- Sicurezza degli Endpoint
- Zero Trust: Concetti e Implementazioni
- Protezione contro il Phishing e Social Engineering
- Gestione delle Patch e degli Aggiornamenti di Sistema
- Automazione e Sicurezza
- Sicurezza degli Ambienti Virtuali
- Sicurezza dei Sistemi di Backup e Ripristino
- Analisi dei Malware nei Sistemi Operativi
- Sicurezza del BIOS e UEFI
- Rootkit: Rilevamento e Prevenzione
- Sicurezza negli Ambienti DevOps
- Identity and Access Management (IAM) Avanzato
- Sicurezza nei Sistemi Operativi IoT
- Protezione dei Dati Personali e GDPR
- Principi di Cybersecurity Awareness

Moderna Architettura dei Sistemi Operativi Ubuntu: Compatibilità con Architetture Intel e Approfondimenti Tecnici

Confronto tra Virtualizzazione e Containerizzazione

La containerizzazione offre vantaggi in termini di prestazioni e utilizzo delle risorse rispetto alla virtualizzazione tradizionale.

5.3 Edge Computing e IoT

Sistemi Operativi per IoT

I sistemi operativi leggeri, come RIOT e FreeRTOS, sono progettati per gestire dispositivi a bassa potenza e risorse limitate.

Impatto dell'Edge Computing

L'edge computing riduce la latenza e migliora l'efficienza elaborando i dati più vicino alla sorgente.

5.4 Sicurezza nei Sistemi Operativi

Minacce e Vulnerabilità

Le minacce informatiche richiedono sistemi operativi sempre più sicuri, implementando misure di protezione avanzate.

Sicurezza Basata su Software

Tecnologie come l'autenticazione a più fattori e la crittografia avanzata sono essenziali per garantire la sicurezza dei sistemi operativi moderni.

Conclusione

Riflessioni Finali

I sistemi operativi continuano a evolversi, adattandosi alle nuove tecnologie e alle esigenze degli utenti. Con l'emergere di tendenze come la virtualizzazione, la containerizzazione e l'edge computing, il futuro dei sistemi operativi promette innovazioni entusiasmanti.

Introduzione alla Sicurezza Informatica

- **Storia della Sicurezza Informatica nei Sistemi Operativi**
- **Fondamenti di Sicurezza nei Sistemi Operativi**
- **Modelli di Sicurezza e Controllo degli Accessi**
- **Autenticazione e Autorizzazione**
- **Gestione delle Identità Digitali**
- **Autenticazione a Fattori Multipli (MFA)**
- **Crittografia e Sistemi Operativi**

Moderna Architettura dei Sistemi Operativi Ubuntu: Compatibilità con Architetture Intel e Approfondimenti Tecnici

- File System Sicuri
- Concetti di Firewalling e Sicurezza di Rete
- Strumenti di Rilevamento delle Intrusioni
- Antivirus e Antimalware
- Sicurezza delle Applicazioni nei Sistemi Operativi
- Virtualizzazione e Sicurezza dei Container
- Sicurezza del Cloud Computing
- Protezione dei Sistemi Operativi Mobili
- Architettura di Sicurezza in Linux
- Architettura di Sicurezza in Windows
- Architettura di Sicurezza in macOS
- Sicurezza nei Sistemi Embedded
- Politiche di Sicurezza Aziendali
- Normative e Conformità nella Sicurezza Informatica
- Analisi delle Minacce Moderne
- Attacchi e Exploit più Diffusi
- Sicurezza delle Reti Wireless
- Gestione dei Certificati e PKI
- Monitoraggio e Logging dei Sistemi
- Risposta agli Incidenti di Sicurezza
- Analisi Forense nei Sistemi Operativi
- Machine Learning per la Sicurezza Informatica
- Intelligenza Artificiale nella Sicurezza
- Gestione dei Rischi in Sicurezza Informatica
- Framework di Sicurezza: NIST, ISO e altri
- Tecniche di Penetration Testing
- Analisi delle Vulnerabilità
- Sicurezza delle Basi di Dati
- Sicurezza degli Endpoint
- Zero Trust: Concetti e Implementazioni
- Protezione contro il Phishing e Social Engineering
- Gestione delle Patch e degli Aggiornamenti di Sistema
- Automazione e Sicurezza
- Sicurezza degli Ambienti Virtuali
- Sicurezza dei Sistemi di Backup e Ripristino
- Analisi dei Malware nei Sistemi Operativi
- Sicurezza del BIOS e UEFI
- Rootkit: Rilevamento e Prevenzione
- Sicurezza negli Ambienti DevOps
- Identity and Access Management (IAM) Avanzato
- Sicurezza nei Sistemi Operativi IoT
- Protezione dei Dati Personali e GDPR
- Principi di Cybersecurity Awareness

Moderna Architettura dei Sistemi Operativi Ubuntu: Compatibilità con Architetture Intel e Approfondimenti Tecnici

- Sicurezza dei Sistemi di Pagamento e E-commerce
- Protezione dei Sistemi di Controllo Industriale (ICS)
- Ingegneria Sociale e Manipolazione Psicologica
- Attacchi Ransomware: Prevenzione e Risposta
- Privileged Access Management (PAM)
- Controlli di Sicurezza nei Container Docker
- Monitoraggio della Sicurezza in Tempo Reale
- Distribuzione e Sicurezza delle API
- Gestione della Privacy negli OS Moderni
- Gestione delle Minacce in Tempo Reale
- Hardening dei Sistemi Operativi
- Uso delle Sandbox per la Sicurezza
- Sicurezza nel Ciclo di Vita del Software (SDLC)
- Implementazione delle Best Practices di Sicurezza
- Access Control List (ACL) e Sicurezza
- Cryptographic Key Management
- Sicurezza dei File e delle Condivisioni di Rete
- DNS Security e Sicurezza di Rete
- Remote Access Security
- Sicurezza nelle Comunicazioni VoIP
- Endpoint Detection and Response (EDR)
- Strumenti e Tecniche di Sicurezza Open Source
- Threat Hunting: Principi e Tecniche
- Sicurezza degli Ambienti Desktop Remoti (VDI)
- Application Whitelisting e Blacklisting
- Protezione delle Applicazioni Web
- Secure Coding Practices
- Data Loss Prevention (DLP)
- Attacchi di Denial of Service (DoS) e Difesa
- Botnet e Difesa contro i Botnet
- Prevenzione delle Fughe di Dati
- Rilevamento e Prevenzione delle Frodi
- Sicurezza dei Servizi Web
- Controlli di Integrità dei Dati
- Analisi delle Minacce nei Sistemi Cloud
- Controlli di Accesso Basati sui Ruoli (RBAC)
- Sicurezza delle Infrastrutture Critiche
- Automated Threat Intelligence
- Protezione delle Identità Federate
- Sicurezza nel Disaster Recovery
- Protezione dei Dati in Movimento
- Miglioramento Continuo della Sicurezza
- Gestione delle Identità nei Sistemi Cloud

- **Sicurezza dei Sistemi per la Blockchain**
- **Confronto tra Architetture di Sicurezza OS**
- **Threat Modeling: Concetti e Strumenti**
- **Analisi del Comportamento Anomalo**
- **Tecniche di Deception in Cybersecurity**
- **Futuro della Sicurezza nei Sistemi Operativi**

Sicurezza Informatica nei Moderni Sistemi Operativi - Tutorial e Documentazione

Capitolo 1: Introduzione alla Sicurezza Informatica

Obiettivo: Comprendere i concetti fondamentali della sicurezza informatica, il suo scopo e la sua importanza nei sistemi operativi moderni.

1. **Cos'è la Sicurezza Informatica?**

   - **Definizione**: La sicurezza informatica è la protezione di sistemi e reti dalle minacce, con l'obiettivo di prevenire l'accesso non autorizzato, l'uso improprio, la divulgazione e la distruzione dei dati.
   - **Importanza**: Con la crescente dipendenza dalla tecnologia, le minacce informatiche sono in aumento. I sistemi operativi, essendo il fondamento dei dispositivi, rappresentano una delle prime linee di difesa.

2. **Principi Fondamentali della Sicurezza Informatica**

   - **Confidenzialità**: Proteggere le informazioni dall'accesso non autorizzato.
   - **Integrità**: Garantire che i dati non vengano modificati o corrotti in modo non autorizzato.
   - **Disponibilità**: Assicurare che i dati e i sistemi siano accessibili quando necessario.

3. **Minacce Comuni e Attori Malintenzionati**

   - **Malware, ransomware, phishing, ecc.**
   - **Attori delle minacce**: hacker, criminali informatici, insider malintenzionati, ecc.

4. **Ruolo dei Sistemi Operativi nella Sicurezza**

   - **Gestione degli accessi** e **controllo delle risorse**.
   - Implementazione di **policy di sicurezza** e **monitoraggio delle attività**.

Capitolo 2: Storia della Sicurezza Informatica nei Sistemi Operativi

Obiettivo: Esplorare l'evoluzione della sicurezza informatica nei sistemi operativi, dalle prime vulnerabilità agli approcci avanzati di oggi.

1. **Primi Sistemi Operativi e Vulnerabilità**

- **Sviluppi iniziali**: La sicurezza non era una priorità iniziale, ma diventò presto necessaria con la diffusione di reti e Internet.
- **Minacce storiche**: Worm Morris, virus Melissa, e altri incidenti famosi.

2. **Sicurezza Informatica negli Anni 2000**

- **Evoluzione delle minacce**: Espansione degli attacchi su larga scala.
- **Introduzione di firewall, antivirus e strumenti di rilevamento delle intrusioni.**

3. **Era Moderna e Adozione del Cloud Computing**

- **Cambiamento nel paradigma della sicurezza** con l'avvento del cloud e della virtualizzazione.
- **Sistemi di protezione avanzati** come crittografia avanzata, sicurezza dei container e tecniche di autenticazione multifattoriale.

Capitolo 3: Fondamenti di Sicurezza nei Sistemi Operativi

Obiettivo: Analizzare i componenti fondamentali della sicurezza all'interno dei sistemi operativi, tra cui controllo degli accessi e isolamento delle risorse.

1. **Concetti di Sicurezza di Base nei Sistemi Operativi**

- **Gestione della memoria**: Prevenzione dell'accesso non autorizzato alla memoria.
- **Separazione dei privilegi**: Esecuzione di processi con privilegi minimi.

2. **Controllo degli Accessi**

- **Autenticazione**: Processi per verificare l'identità degli utenti.
- **Autorizzazione**: Assegnazione di permessi agli utenti in base alle loro identità e ruoli.
- **Audit e monitoraggio**: Registrazione delle attività per il rilevamento di accessi sospetti.

3. **Isolamento dei Processi**

- **Modelli di isolamento** per limitare l'interazione tra processi e proteggere i dati.
- **Sandboxing** e **containerizzazione** come metodi di isolamento.

Capitolo 4: Modelli di Sicurezza e Controllo degli Accessi

Obiettivo: Esplorare i modelli di sicurezza comunemente usati nei sistemi operativi per gestire e limitare l'accesso ai dati e alle risorse.

1. **Modelli di Sicurezza di Base**

- **Modello Discrezionale (DAC)**: Accesso basato sui permessi assegnati dagli utenti.
- **Modello Obbligatorio (MAC)**: Accesso basato su policy rigorose e assegnate dall'amministratore.
- **Modello Basato sui Ruoli (RBAC)**: Accesso basato sui ruoli degli utenti.

2. **Controllo degli Accessi negli OS Moderni**

   - **Policy di Accesso** su sistemi come Windows, macOS e Linux.
   - **Gestione degli Accessi** basata su file system e database degli utenti.

3. **Implementazione del Controllo degli Accessi**

   - **ACL (Access Control List)**: Gestione dei permessi sui file e risorse.
   - **Principio del privilegio minimo**: Limitare i permessi per minimizzare i rischi di accesso non autorizzato.

Capitolo 5: Autenticazione e Autorizzazione

Obiettivo: Comprendere i metodi di autenticazione e autorizzazione e come questi contribuiscono alla sicurezza dei sistemi operativi.

1. **Autenticazione: Metodi e Tecniche**

   - **Password**: Principi di sicurezza delle password e gestione delle password forti.
   - **Autenticazione a due fattori (2FA)**: Descrizione e benefici.
   - **Autenticazione biometrica**: Uso delle impronte digitali, riconoscimento facciale, ecc.

2. **Autorizzazione e Assegnazione dei Permessi**

   - **Ruoli e privilegi** per utenti e processi.
   - **Gestione centralizzata** dell'autorizzazione in ambienti aziendali.

3. **Framework di Autenticazione e Autorizzazione negli OS Moderni**

   - **Kerberos**: Utilizzo nei sistemi aziendali per la gestione sicura delle credenziali.
   - **OAuth e OpenID Connect**: Standard per l'autenticazione federata e l'autorizzazione.

Parte I: Fondamenti e Principi Base (Capitoli 6-20)

Capitolo 6: Gestione delle Identità Digitali

- **Obiettivo**: Comprendere come gestire identità digitali in modo sicuro e affidabile nei sistemi.
- **Strumenti e Tecniche**:
  - **Single Sign-On (SSO)** e autenticazione federata.
  - **Directory Services** come LDAP.
  - **Gestione degli utenti e ruoli**.
  - **Automazione della gestione delle identità** nelle aziende.

Capitolo 7: Autenticazione a Fattori Multipli (MFA)

- **Metodologie**: Fattori basati su conoscenza, possesso e caratteristiche biometriche.

- **Implementazione**:
  - **Strumenti e protocolli** come TOTP, FIDO.
  - **Uso di MFA nei sistemi aziendali** e integrazione con policy di sicurezza.

Capitolo 8: Crittografia e Sistemi Operativi

- **Concetti Base**: Algoritmi di cifratura, crittografia simmetrica e asimmetrica.
- **Implementazione**:
  - **File system cifrati**: BitLocker, FileVault, LUKS.
  - **Uso di certificati digitali** e protocolli crittografici (TLS/SSL).

Capitolo 9: File System Sicuri

- **Tecniche di Protezione dei File**: ACL (Access Control List), cifratura file, permessi.
- **Gestione della Sicurezza**:
  - Protezione dei dati sensibili e dei backup.
  - **Controlli di integrità** e monitoraggio delle modifiche.

Parte II: Sicurezza di Rete e Strumenti di Protezione (Capitoli 21-40)

Capitolo 21: Politiche di Sicurezza Aziendali

- **Politiche e Standard**: Linee guida per protezione dei dati e conformità.
- **Implementazione**:
  - **Creazione di policy** su gestione password, accessi e autenticazione.
  - **Risposta agli incidenti** e aggiornamento delle procedure.

Capitolo 22: Normative e Conformità nella Sicurezza Informatica

- **Normative Chiave**: GDPR, CCPA, HIPAA, PCI-DSS.
- **Conformità**:
  - **Procedure di auditing** e reportistica.
  - **Implementazione di standard** di sicurezza in conformità alle normative.

Capitolo 25: Sicurezza delle Reti Wireless

- **Minacce Wireless**: Sniffing, attacchi MITM, cracking di password Wi-Fi.
- **Strumenti di Protezione**:
  - **Protocolli di cifratura** (WPA3) e autenticazione avanzata.
  - **Implementazione di IDS e firewall** per reti wireless aziendali.

Capitolo 30: Machine Learning per la Sicurezza Informatica

- **Applicazioni di ML nella Cybersecurity**: Riconoscimento di comportamenti anomali e analisi delle minacce.
- **Algoritmi e Strumenti**:
  - **Machine learning per il rilevamento di malware**.
  - **Strumenti di analisi predittiva** per rilevare attacchi.

Moderna Architettura dei Sistemi Operativi Ubuntu: Compatibilità con Architetture Intel e Approfondimenti Tecnici

Parte III: Tecniche di Prevenzione e Protezione Avanzate (Capitoli 41-60)

Capitolo 41: Sicurezza degli Ambienti Virtuali

- **Minacce in Ambienti Virtualizzati**: VM escape, attacchi hypervisor.
- **Protezione delle VM**:
    - **Uso di container sicuri** (es. Docker) e controllo delle risorse.
    - **Rilevamento delle intrusioni** e isolamento dei sistemi virtuali.

Capitolo 44: Analisi dei Malware nei Sistemi Operativi

- **Tecniche di Analisi**: Analisi statica e dinamica dei malware.
- **Strumenti di Analisi**:
    - **Sandboxing** e tecniche di isolamento per testare i malware.
    - **Disassemblatori e decompilatori** per comprendere il codice malevolo.

Capitolo 47: Sicurezza negli Ambienti DevOps

- **Sicurezza nel CICD**: Controlli di accesso e policy nei tool DevOps.
- **Tecniche di Protezione**:
    - **Verifica delle dipendenze** e sicurezza delle pipeline.
    - **Implementazione di DevSecOps** per un'integrazione continua della sicurezza.

Parte IV: Gestione delle Identità e Controlli di Accesso (Capitoli 61-80)

Capitolo 62: Hardening dei Sistemi Operativi

- **Tecniche di Hardening**: Minimizzazione delle superfici di attacco e riduzione dei servizi non necessari.
- **Pratiche Consigliate**:
    - **Configurazione di sistemi operativi per la massima sicurezza**.
    - **Monitoraggio delle vulnerabilità** e gestione degli aggiornamenti.

Capitolo 64: Sicurezza nel Ciclo di Vita del Software (SDLC)

- **Integrazione della Sicurezza**: Identificazione delle vulnerabilità nel ciclo di sviluppo.
- **Strumenti e Framework**:
    - **Strumenti di testing automatico** delle vulnerabilità.
    - **Secure Coding** e gestione delle dipendenze.

Capitolo 67: Cryptographic Key Management

- **Gestione delle Chiavi**: Archiviazione sicura delle chiavi, rotazione e revoca.
- **Best Practice**:
    - **Uso di HSM** (Hardware Security Modules) per archiviazione sicura.
    - **Gestione delle chiavi nei cloud** e nei sistemi distribuiti.

Moderna Architettura dei Sistemi Operativi Ubuntu: Compatibilità con Architetture Intel e Approfondimenti Tecnici

Parte V: Difese Avanzate e Protezione delle Infrastrutture Critiche (Capitoli 81-100)

Capitolo 85: Controlli di Integrità dei Dati

- **Protezione dell'Integrità**: Rilevamento delle modifiche non autorizzate ai dati.
- **Strumenti**:
  - **Checksum e hash crittografici** per validare i file.
  - **Monitoraggio in tempo reale** delle modifiche di sistema.

Capitolo 87: Controlli di Accesso Basati sui Ruoli (RBAC)

- **Implementazione dell'RBAC**: Gestione dell'accesso basato sui ruoli aziendali.
- **Configurazione dei Ruoli**:
  - **Gestione centralizzata dei ruoli** e policy di accesso.
  - **Minimizzazione dei privilegi** per ridurre l'esposizione ai rischi.

Capitolo 91: Sicurezza nel Disaster Recovery

- **Pianificazione della Sicurezza**: Pianificazione della resilienza e dei piani di ripristino.
- **Implementazione**:
  - **Strategie di backup crittografato** e test di ripristino.
  - **Pianificazione dei tempi di ripristino** per ridurre i downtime.

Capitolo 94: Gestione delle Identità nei Sistemi Cloud

- **Gestione delle Identità nel Cloud**: Accessi sicuri e autenticazione centralizzata.
- **Tecniche di Implementazione**:
  - **Utilizzo di strumenti come IAM** per la gestione degli accessi.
  - **Gestione di utenti e ruoli** in ambienti ibridi e multi-cloud.

Capitolo 100: Futuro della Sicurezza nei Sistemi Operativi

- **Tecnologie Emergenti**: Intelligenza artificiale e blockchain per la sicurezza.
- **Sfide e Opportunità**:
  - **Sicurezza in ambienti IoT e edge computing**.
  - **Implementazione di sistemi adattativi** in risposta alle minacce avanzate.

Capitolo 1: Introduzione alla Sicurezza Informatica

Obiettivo:

Comprendere i concetti fondamentali della sicurezza informatica e la sua importanza nei sistemi operativi moderni.

Moderna Architettura dei Sistemi Operativi Ubuntu: Compatibilità con Architetture Intel e Approfondimenti Tecnici

1. Cos'è la Sicurezza Informatica?

- **Definizione**: La sicurezza informatica è la protezione di sistemi e reti dalle minacce, con l'obiettivo di prevenire l'accesso non autorizzato, l'uso improprio, la divulgazione, la modifica e la distruzione dei dati.
- **Obiettivi**:
  - **Protezione dell'integrità dei dati.**
  - **Mantenimento della confidenzialità delle informazioni.**
  - **Garantire la disponibilità dei servizi.**
- **Importanza**:
  - Con la crescente dipendenza dalla tecnologia, le minacce informatiche sono in costante aumento.
  - I sistemi operativi, essendo alla base del funzionamento di quasi tutti i dispositivi, rappresentano una delle prime linee di difesa contro gli attacchi.

2. Principi Fondamentali della Sicurezza Informatica

- **Confidenzialità**: Proteggere le informazioni dall'accesso non autorizzato.
  - Esempio: La crittografia dei dati di un utente garantisce che solo le persone autorizzate possano accedere ai dati sensibili.
- **Integrità**: Garantire che i dati non vengano modificati o corrotti in modo non autorizzato.
  - Esempio: L'utilizzo di checksum per validare la coerenza dei dati trasmessi.
- **Disponibilità**: Assicurare che i dati e i sistemi siano accessibili quando necessario.
  - Esempio: Implementazione di sistemi di backup per evitare la perdita di dati e mantenere la disponibilità dei servizi anche in caso di incidenti.

3. Minacce Comuni e Attori Malintenzionati

- **Malware**: Software dannoso progettato per danneggiare o compromettere un sistema (es. virus, trojan).
- **Ransomware**: Blocco dei dati attraverso crittografia, con richiesta di riscatto per il ripristino.
- **Phishing**: Tecniche ingannevoli per ottenere informazioni sensibili dagli utenti.
- **Attori delle minacce**:
  - **Hacker e gruppi di cybercriminali**: Spesso operano per ottenere vantaggi finanziari o per sabotare aziende e individui.
  - **Insider malintenzionati**: Dipendenti o collaboratori che possono abusare delle informazioni a cui hanno accesso.

4. Ruolo dei Sistemi Operativi nella Sicurezza

- **Gestione degli accessi** e **controllo delle risorse**: Autenticazione degli utenti e assegnazione dei privilegi.
- **Implementazione di policy di sicurezza**: I sistemi operativi forniscono strumenti per configurare policy che gestiscono l'accesso ai dati.

- **Monitoraggio e logging**: Strumenti di registrazione delle attività per identificare e tracciare comportamenti sospetti.

Capitolo 2: Storia della Sicurezza Informatica nei Sistemi Operativi

Obiettivo:

Esplorare l'evoluzione della sicurezza informatica nei sistemi operativi, dalle prime vulnerabilità agli approcci avanzati di oggi.

1. Primi Sistemi Operativi e Vulnerabilità

- **Evoluzione Storica**:
  - Negli anni '60 e '70, i primi sistemi informatici si concentravano principalmente sull'ottimizzazione delle risorse piuttosto che sulla sicurezza.
- **Vulnerabilità storiche**:
  - **Worm Morris (1988)**: Uno dei primi worm di Internet, ha evidenziato come i sistemi fossero vulnerabili a un codice di replicazione.
  - **Virus Melissa (1999)**: Un attacco virale su larga scala che ha sfruttato i programmi di posta elettronica.

2. Sicurezza Informatica negli Anni 2000

- **Evoluzione delle minacce**:
  - Gli attacchi su larga scala divennero più comuni e sofisticati.
- **Strumenti di protezione**:
  - **Firewall**: Filtri di rete per bloccare traffico non autorizzato.
  - **Antivirus e rilevamento delle intrusioni**: Software progettati per rilevare e neutralizzare malware e accessi non autorizzati.

3. Era Moderna e Adozione del Cloud Computing

- **Cloud e Sicurezza**:
  - L'introduzione del cloud ha trasformato la sicurezza: i dati non sono più solo sui dispositivi locali, ma distribuiti su server remoti.
- **Sicurezza avanzata**:
  - **Sicurezza dei container**: Strumenti di isolamento, come Docker, per proteggere le applicazioni containerizzate.
  - **Autenticazione multifattoriale (MFA)**: Aggiunta di un ulteriore livello di protezione per autenticare gli utenti.

Capitolo 3: Fondamenti di Sicurezza nei Sistemi Operativi

Obiettivo:

Analizzare i componenti fondamentali della sicurezza all'interno dei sistemi operativi, tra cui controllo degli accessi e isolamento delle risorse.

1. Concetti di Sicurezza di Base nei Sistemi Operativi

- **Gestione della memoria**:
  - Limitazione dell'accesso alla memoria per evitare exploit.
  - **Esempio**: Protezione della memoria in Linux attraverso il randomization di address space (ASLR).
- **Separazione dei privilegi**:
  - Ogni processo opera con il livello minimo di privilegi necessario.
  - **Esempio**: In un sistema operativo UNIX, un utente normale non può accedere a file riservati all'amministratore.

2. Controllo degli Accessi

- **Autenticazione**:
  - Processo di verifica dell'identità dell'utente, spesso tramite credenziali.
- **Autorizzazione**:
  - Processo di assegnazione dei permessi per accedere a risorse specifiche.
- **Audit e Monitoraggio**:
  - Registrazione e analisi delle attività degli utenti per rilevare tentativi di accesso non autorizzati.

3. Isolamento dei Processi

- **Tecniche di isolamento**:
  - Separazione dei processi per evitare che uno compromesso possa influenzare gli altri.
- **Sandboxing e containerizzazione**:
  - Consentono di eseguire applicazioni in ambienti isolati, minimizzando i danni in caso di attacco.

Capitolo 4: Modelli di Sicurezza e Controllo degli Accessi

Obiettivo:

Esplorare i modelli di sicurezza comunemente usati nei sistemi operativi per gestire e limitare l'accesso ai dati e alle risorse.

Moderna Architettura dei Sistemi Operativi Ubuntu: Compatibilità con Architetture Intel e Approfondimenti Tecnici

1. Modelli di Sicurezza di Base

- **Modello Discrezionale (DAC)**:
  - Gli utenti hanno la possibilità di controllare l'accesso ai propri dati, assegnando i permessi.
- **Modello Obbligatorio (MAC)**:
  - Le policy di sicurezza sono definite dall'amministratore e gli utenti non possono modificarle.
- **Modello Basato sui Ruoli (RBAC)**:
  - L'accesso alle risorse è determinato dai ruoli assegnati agli utenti, permettendo una gestione semplificata.

2. Controllo degli Accessi negli OS Moderni

- **Implementazioni su OS**:
  - Windows, macOS e Linux adottano modelli di accesso per proteggere i file e le risorse.
- **Database degli utenti**:
  - Ogni sistema operativo mantiene un database centralizzato per gestire gli accessi.

3. Implementazione del Controllo degli Accessi

- **Access Control List (ACL)**:
  - Specificano i permessi per file o risorse.
- **Principio del Privilegio Minimo**:
  - Limita i permessi per ridurre i rischi di accesso non autorizzato.

Capitolo 5: Autenticazione e Autorizzazione

Obiettivo:

Comprendere i metodi di autenticazione e autorizzazione e come contribuiscono alla sicurezza dei sistemi operativi.

1. Autenticazione: Metodi e Tecniche

- **Password**:
  - Metodo di autenticazione più comune; tuttavia, vulnerabile agli attacchi di forza bruta.
- **Autenticazione a due fattori (2FA)**:
  - Integra un secondo fattore di autenticazione (come un codice inviato al telefono) per aumentare la sicurezza.
- **Autenticazione biometrica**:
  - Utilizzo di impronte digitali o riconoscimento facciale per verificare l'identità.

2. Autorizzazione e Assegnazione dei Permessi

- **Gestione dei ruoli e privilegi**:
  - Gli utenti e i processi hanno ruoli che determinano i permessi di accesso alle risorse.
- **Gestione centralizzata**:
  - Strumenti di gestione centralizzata permettono di monitorare e aggiornare facilmente i permessi.

3. Framework di Autenticazione e Autorizzazione negli OS Moderni

- **Kerberos**:
  - Protocollo per la gestione sicura delle credenziali, usato ampiamente nei contesti aziendali.
- **OAuth e OpenID Connect**:
  - Standard di autenticazione per sistemi web e accessi federati.

Capitolo 6: Gestione delle Identità Digitali

Obiettivo:

Comprendere la gestione delle identità digitali e la sua importanza nella sicurezza dei sistemi operativi.

1. Cos'è la Gestione delle Identità Digitali (IDM)?

- **Definizione**: La gestione delle identità digitali (Identity Management, IDM) è il processo di gestione dell'identità degli utenti e dei loro diritti di accesso.
- **Componenti principali**:
  - **Identificazione**: Associare un'identità unica a ogni utente.
  - **Autenticazione**: Verifica dell'identità.
  - **Autorizzazione**: Permessi e ruoli per le risorse.
  - **Auditing e monitoraggio**: Tenere traccia delle attività degli utenti per garantire conformità e sicurezza.

2. Strumenti e Tecniche di IDM

- **Single Sign-On (SSO)**:
  - Permette agli utenti di accedere a più sistemi con un'unica autenticazione.
  - **Vantaggi**: Riduzione dei rischi legati a molteplici password e miglioramento dell'esperienza utente.
- **Autenticazione Federata**:
  - Consente a un utente di autenticarsi su sistemi di diverse organizzazioni utilizzando una singola identità.
  - **Esempi**: OAuth e OpenID Connect, utilizzati per l'autenticazione nei servizi web.

3. Directory Services per la Gestione delle Identità

- **LDAP (Lightweight Directory Access Protocol)**:
  - Protocollo standard per la gestione delle directory aziendali, come Active Directory (AD).
- **Gestione dei Ruoli e delle Policy di Accesso**:
  - Ogni identità può avere assegnati specifici ruoli che determinano i permessi su dati e risorse.

Capitolo 7: Autenticazione a Fattori Multipli (MFA)

Obiettivo:

Esplorare i metodi e i vantaggi dell'autenticazione a fattori multipli (MFA) per la sicurezza dei sistemi operativi.

1. Concetti e Metodologie di MFA

- **Fattori di autenticazione**:
  - **Conoscenza**: Qualcosa che l'utente sa (password, PIN).
  - **Possesso**: Qualcosa che l'utente possiede (smartphone, token fisici).
  - **Inerenza**: Qualcosa che identifica un aspetto unico dell'utente (impronte digitali, riconoscimento facciale).
- **Vantaggi della MFA**:
  - Riduzione significativa del rischio di accesso non autorizzato in caso di compromissione di uno dei fattori (es. furto di password).

2. Implementazione di MFA nei Sistemi Aziendali

- **Codici Temporanei (TOTP)**:
  - Generati da app come Google Authenticator o tramite SMS, cambiano a intervalli regolari e sono utilizzabili solo per un breve periodo.
- **Token Fisici e Chiavi di Sicurezza**:
  - Dispositivi come YubiKey utilizzano il protocollo FIDO2 per autenticare in modo sicuro senza richiedere una password.

Capitolo 8: Crittografia e Sistemi Operativi

Obiettivo:

Analizzare l'uso della crittografia per proteggere i dati nei sistemi operativi.

Moderna Architettura dei Sistemi Operativi Ubuntu: Compatibilità con Architetture Intel e Approfondimenti Tecnici

1. Concetti Base di Crittografia

- **Crittografia Simmetrica**:
  - Utilizza una singola chiave condivisa per cifrare e decifrare i dati (es. AES).
  - **Applicazione**: Protetta generalmente con password, viene usata per cifrare i file sul disco.
- **Crittografia Asimmetrica**:
  - Utilizza una coppia di chiavi: una pubblica per cifrare e una privata per decifrare (es. RSA).
  - **Applicazione**: Usata nei certificati digitali e nei protocolli di rete come TLS/SSL.

2. Implementazioni di Crittografia nei File System

- **BitLocker (Windows)**:
  - Strumento di crittografia che protegge l'intero volume e richiede un codice di recupero per decrittare in caso di perdita delle credenziali.
- **FileVault (macOS)**:
  - Crittografa il disco con una chiave univoca memorizzata nel sistema.
- **LUKS (Linux Unified Key Setup)**:
  - Un sistema di crittografia per dischi Linux che permette la cifratura di interi dischi con password o chiavi di crittografia hardware.

Capitolo 9: File System Sicuri

Obiettivo:

Esaminare i file system sicuri e le tecniche per proteggere i dati archiviati.

1. Tecniche di Protezione dei File

- **Access Control List (ACL)**:
  - Definiscono chi può accedere ai file e quali azioni può eseguire (lettura, scrittura, esecuzione).
- **Crittografia dei File**:
  - Strumenti come EFS (Encrypting File System) per Windows permettono di crittografare singoli file o cartelle.

2. Gestione della Sicurezza nei File System

- **Controllo dell'Integrità dei Dati**:
  - Hash crittografici (come SHA-256) sono utilizzati per verificare che i file non siano stati modificati.
- **Monitoraggio delle Modifiche**:
  - Strumenti come Tripwire rilevano le modifiche sospette ai file, proteggendo da manomissioni non autorizzate.

Capitolo 10: Concetti di Firewalling e Sicurezza di Rete

Obiettivo:

Capire il funzionamento dei firewall e come proteggono le reti.

1. Tipi di Firewall

- **Firewall a Livello di Rete**:
  - Filtra il traffico IP basato su regole predefinite.
  - **Esempio**: Un firewall hardware che blocca determinate porte o IP.
- **Firewall a Livello di Applicazione**:
  - Controlla il traffico basato su applicazioni specifiche e blocca attività sospette.
  - **Esempio**: Firewall di tipo proxy, che filtra traffico HTTP per bloccare i siti malevoli.

2. Strumenti di Firewalling nei Sistemi Operativi

- **Windows Defender Firewall**:
  - Firewall integrato in Windows per monitorare e bloccare il traffico indesiderato.
- **iptables e ufw (Linux)**:
  - Strumenti di firewalling avanzati per la gestione del traffico di rete.

3. Policy di Sicurezza di Rete

- **Regole di accesso**: Definiscono quali protocolli e servizi sono autorizzati.
- **Segmentazione della rete**: Isola i sistemi critici per ridurre il rischio di attacchi.

Capitolo 11: Strumenti di Rilevamento delle Intrusioni

Obiettivo:

Analizzare gli strumenti di rilevamento delle intrusioni per identificare accessi non autorizzati.

1. Tipologie di Strumenti di Rilevamento

- **IDS (Intrusion Detection Systems)**:
  - Sistemi di rilevamento delle intrusioni che segnalano attività sospette ma non intervengono.
  - **Esempio**: Snort, che monitora il traffico di rete alla ricerca di anomalie.
- **IPS (Intrusion Prevention Systems)**:
  - Strumenti che bloccano attivamente le minacce una volta rilevate.
  - **Esempio**: Suricata, un IPS open-source che blocca automaticamente il traffico malevolo.

2. Implementazione e Configurazione degli IDS/IPS

- **Reti aziendali**: IDS e IPS sono spesso posizionati a livello di gateway per monitorare tutto il traffico entrante e uscente.
- **Reti cloud**: Soluzioni di IDS/IPS basate su cloud forniscono sicurezza aggiuntiva per applicazioni e server virtualizzati.

Capitolo 12: Antivirus e Antimalware

Obiettivo:

Esaminare l'importanza degli antivirus e degli antimalware nei sistemi operativi.

1. Funzionalità degli Antivirus

- **Scansione dei file**:
    - Gli antivirus controllano i file su disco alla ricerca di segni di malware conosciuti.
- **Analisi del comportamento**:
    - Alcuni antivirus rilevano comportamenti sospetti (es. accessi non autorizzati alla memoria) per identificare minacce sconosciute.

2. Strumenti e Software di Protezione

- **Esempi di Antivirus**:
    - **Windows Defender**: Integrato in Windows, offre protezione in tempo reale.
    - **ClamAV**: Soluzione antivirus open-source per Linux e macOS.

3. Limitazioni e Sfide degli Antivirus

- **Attacchi Zero-day**:
    - Gli antivirus tradizionali possono non rilevare nuove minacce non ancora classificate.
- **False positive**:
    - Errori che identificano un file legittimo come minaccia possono causare interruzioni nei sistemi aziendali.

Capitolo 13: Sicurezza delle Applicazioni nei Sistemi Operativi

Obiettivo:

Esaminare le tecniche di protezione delle applicazioni eseguite all'interno dei sistemi operativi, concentrandosi sulla prevenzione delle vulnerabilità e sulla protezione dei dati.

Moderna Architettura dei Sistemi Operativi Ubuntu: Compatibilità con Architetture Intel e Approfondimenti Tecnici

1. Concetti di Sicurezza delle Applicazioni

- **Vulnerabilità delle applicazioni**:
    - Difetti nel codice o nella configurazione che possono essere sfruttati dagli aggressori.
- **Modelli di Sicurezza Applicativa**:
    - **Secure by Design**: Integrazione della sicurezza nel ciclo di sviluppo.
    - **Principio del Privilegio Minimo**: Limitare i permessi delle applicazioni per minimizzare i danni in caso di compromissione.

2. Tecniche di Protezione delle Applicazioni

- **Validazione dell'Input**:
    - Controllo dei dati in ingresso per prevenire attacchi come SQL Injection o Buffer Overflow.
- **Autenticazione e Autorizzazione delle API**:
    - Protezione degli endpoint API con token OAuth, JSON Web Token (JWT) e verifiche di autenticazione.

3. Strumenti di Testing e Vulnerability Scanning

- **Static Application Security Testing (SAST)**:
    - Analisi statica del codice per rilevare vulnerabilità durante lo sviluppo.
- **Dynamic Application Security Testing (DAST)**:
    - Simulazione di attacchi su applicazioni in esecuzione per verificare la sicurezza degli endpoint.

Capitolo 14: Virtualizzazione e Sicurezza dei Container

Obiettivo:

Analizzare le tecniche di protezione negli ambienti virtualizzati e containerizzati per migliorare la sicurezza delle applicazioni e dei dati.

1. Sicurezza nella Virtualizzazione

- **Isolamento degli ambienti virtuali**:
    - La virtualizzazione consente di eseguire diverse macchine virtuali isolate, riducendo il rischio che una compromissione possa propagarsi.
- **Rischi di Virtual Machine Escape**:
    - Exploit che consentono a un'applicazione compromessa di "uscire" dalla propria VM e accedere all'host o ad altre VM.

2. Sicurezza dei Container

- **Container Hardening**:
    - Limitare i privilegi nei container e utilizzare immagini verificate.

- **Strumenti di Monitoraggio e Sicurezza**:
    - **Docker Bench**: Strumento che verifica le configurazioni di sicurezza dei container Docker.
    - **Kubernetes Security**: Implementazione di regole di accesso basate sui ruoli (RBAC) per controllare l'accesso alle risorse nei cluster.

3. Best Practice per la Sicurezza nei Container

- **Namespace e Cgroup**:
    - Utilizzo dei namespace per isolare processi e cgroup per gestire le risorse, migliorando l'isolamento e la gestione dei container.
- **Image Scanning**:
    - Scansione regolare delle immagini dei container per identificare vulnerabilità di sicurezza.

Capitolo 15: Sicurezza del Cloud Computing

Obiettivo:

Esplorare le strategie e gli strumenti per proteggere i dati e le applicazioni su piattaforme cloud.

1. Principi di Sicurezza nel Cloud

- **Responsabilità Condivisa**:
    - La sicurezza nel cloud è una responsabilità condivisa tra provider (protezione dell'infrastruttura) e cliente (protezione dei dati e delle applicazioni).
- **Controlli di Accesso e Gestione delle Identità (IAM)**:
    - Utilizzo di policy IAM per definire chi può accedere alle risorse cloud e cosa può fare.

2. Protezione dei Dati nel Cloud

- **Crittografia dei Dati in Movimento e a Riposo**:
    - I dati vengono crittografati sia quando sono inattivi che durante il trasferimento per prevenire accessi non autorizzati.
- **Backup e Disaster Recovery nel Cloud**:
    - Implementazione di backup regolari e piani di ripristino per garantire la resilienza.

3. Strumenti di Sicurezza nel Cloud

- **Amazon GuardDuty, Azure Security Center**:
    - Strumenti che monitorano continuamente le attività, rilevano le minacce e segnalano comportamenti anomali.
- **Cloud Access Security Broker (CASB)**:

- Strumento di controllo che garantisce la conformità alle policy di sicurezza per applicazioni cloud come Office 365, Salesforce, ecc.

Capitolo 16: Protezione dei Sistemi Operativi Mobili

Obiettivo:

Analizzare le tecniche di sicurezza per i sistemi operativi mobili, con particolare attenzione a iOS e Android.

1. Sfide della Sicurezza nei Dispositivi Mobili

- **App Store e Applicazioni Terze Parti**:
    - La sicurezza dipende anche dal controllo sulle applicazioni disponibili negli store ufficiali.
- **Rooting e Jailbreaking**:
    - Pratiche che compromettono il sistema operativo, rendendolo vulnerabile agli attacchi.

2. Strumenti di Sicurezza su iOS e Android

- **Secure Boot e Trusted Execution Environment (TEE)**:
    - iOS e Android utilizzano un processo di avvio sicuro e una parte protetta del chip per eseguire le operazioni critiche.
- **Crittografia del Dispositivo**:
    - Entrambi i sistemi offrono la crittografia dei dati per proteggere le informazioni sensibili memorizzate nei dispositivi mobili.

3. Policy di Sicurezza per le App Mobili

- **Permessi delle App**:
    - Gestione accurata dei permessi assegnati alle app per limitare l'accesso non necessario ai dati sensibili.
- **Mobile Device Management (MDM)**:
    - Software che permette di gestire e proteggere i dispositivi mobili aziendali, assicurando che rispettino le policy di sicurezza.

Capitolo 17: Architettura di Sicurezza in Linux

Obiettivo:

Esplorare i meccanismi di sicurezza intrinseci ai sistemi operativi Linux.

1. Sicurezza del Kernel Linux

- **Linux Security Modules (LSM)**:
  - Framework di sicurezza che include strumenti come SELinux e AppArmor per implementare policy di accesso obbligatorio.
- **Namespaces e Isolamento**:
  - Implementazione di namespaces per separare i processi e limitare l'accesso alle risorse del sistema.

2. Meccanismi di Protezione Avanzata

- **SELinux (Security-Enhanced Linux)**:
  - Sistema di controllo di accesso obbligatorio che permette di applicare policy restrittive.
- **AppArmor**:
  - Framework di sicurezza che limita le capacità delle applicazioni mediante profili predefiniti.

3. Strumenti di Monitoraggio su Linux

- **Auditd**:
  - Strumento per registrare e monitorare le attività del sistema e identificare tentativi di accesso non autorizzati.
- **Log di Sistema**:
  - Registrazione continua delle attività tramite syslog per rilevare anomalie e incidenti di sicurezza.

Capitolo 18: Architettura di Sicurezza in Windows

Obiettivo:

Esaminare le caratteristiche di sicurezza native del sistema operativo Windows.

1. Sicurezza del Kernel di Windows

- **Kernel Patch Protection**:
  - Protegge il kernel di Windows da modifiche non autorizzate.
- **Virtualization-Based Security (VBS)**:
  - Utilizzo della virtualizzazione per isolare parti del sistema, riducendo il rischio di attacchi.

2. Strumenti di Sicurezza su Windows

- **Windows Defender e Windows Firewall**:
  - Suite di protezione integrata che include antivirus e firewall per proteggere il sistema da minacce esterne.

- **BitLocker**:
  - Sistema di crittografia dell'intero disco per proteggere i dati in caso di furto o compromissione del dispositivo.

3. Policy di Accesso e Controllo su Windows

- **Group Policy Objects (GPO)**:
  - Permettono di configurare policy di sicurezza centralizzate, applicabili a utenti e dispositivi in reti aziendali.
- **User Account Control (UAC)**:
  - Meccanismo che limita i privilegi dei programmi eseguiti dagli utenti, prevenendo modifiche non autorizzate al sistema.

Capitolo 19: Architettura di Sicurezza in macOS

Obiettivo:

Analizzare le funzionalità di sicurezza del sistema operativo macOS.

1. Sicurezza del Sistema e del Kernel di macOS

- **System Integrity Protection (SIP)**:
  - Protegge il sistema operativo da modifiche non autorizzate al file system e al kernel.
- **Secure Boot e FileVault**:
  - Secure Boot verifica l'integrità del sistema all'avvio, mentre FileVault crittografa l'intero disco.

2. Crittografia e Protezione dei Dati in macOS

- **FileVault**:
  - Strumento di crittografia dell'intero disco che utilizza XTS-AES-128 per proteggere i dati.
- **Keychain**:
  - Sistema integrato per la gestione delle password e delle credenziali, utilizzando la crittografia per la protezione delle informazioni sensibili.

3. Monitoraggio e Logging delle Attività

- **Unified Logging System**:
  - Sistema di logging che permette di tenere traccia delle attività per rilevare comportamenti sospetti.
- **Gatekeeper**:
  - Verifica l'origine delle applicazioni prima di consentirne l'installazione, bloccando software non autorizzato.

Capitolo 20: Sicurezza nei Sistemi Embedded

Obiettivo:

Esplorare le caratteristiche di sicurezza specifiche dei sistemi embedded e delle loro applicazioni.

1. Sfide di Sicurezza nei Sistemi Embedded

- **Limitazioni hardware**:
  - Risorse limitate per la crittografia e il monitoraggio, rendono i sistemi embedded più vulnerabili.
- **Aggiornamenti e Patch**:
  - Difficoltà nell'implementare aggiornamenti regolari sui dispositivi embedded in uso sul campo.

2. Tecniche di Protezione nei Sistemi Embedded

- **Sicurezza del Bootloader**:
  - Assicura che il firmware sia caricato da una fonte verificata e non sia stato manomesso.
- **Trusted Platform Module (TPM)**:
  - Chip che protegge le chiavi di crittografia e le informazioni sensibili all'interno del dispositivo.

3. Best Practice per la Sicurezza Embedded

- **Implementazione della Crittografia a Livello Hardware**:
  - Utilizzo di moduli di sicurezza hardware per la gestione delle chiavi e la protezione dei dati.
- **Monitoraggio degli Endpoint**:
  - Implementazione di strumenti di monitoraggio per rilevare attività sospette o accessi non autorizzati.

Capitolo 21: Politiche di Sicurezza Aziendali

Obiettivo:

Definire le politiche di sicurezza aziendali per mitigare i rischi e proteggere le risorse digitali.

1. Creazione di Policy di Sicurezza

- Policy per la gestione delle password, controllo degli accessi, utilizzo dei dispositivi mobili.
- Linee guida per la conformità normativa e gestione delle violazioni.

2. Monitoraggio e Aggiornamento delle Policy

- Verifica periodica delle policy per assicurarsi che siano aggiornate rispetto alle nuove minacce e tecnologie.

Capitolo 22: Normative e Conformità nella Sicurezza Informatica

Obiettivo:

Conformarsi alle normative per garantire la protezione dei dati e la sicurezza delle informazioni.

1. Principali Normative di Riferimento

- **GDPR**, **CCPA**, **HIPAA** per la privacy e protezione dei dati personali.
- **PCI-DSS** per la sicurezza dei pagamenti digitali.

2. Procedure di Auditing e Reportistica

- Pratiche di audit per verificare la conformità e generare report di sicurezza.

Capitolo 23: Analisi delle Minacce Moderne

Obiettivo:

Identificare e comprendere le minacce moderne per adottare misure preventive.

1. Tipologie di Minacce

- Attacchi DDoS, malware avanzato, attacchi di social engineering.

2. Metodologie di Analisi delle Minacce

- Utilizzo di threat intelligence e analisi comportamentale per rilevare le minacce.

Capitolo 24: Attacchi e Exploit più Diffusi

Obiettivo:

Esplorare i principali attacchi informatici e gli exploit più utilizzati.

1. Tecniche di Attacco Comune

- Phishing, attacchi a dizionario, attacchi di forza bruta.

2. Prevenzione degli Attacchi

- Implementazione di soluzioni anti-phishing e misure di autenticazione avanzata.

Capitolo 25: Sicurezza delle Reti Wireless

Obiettivo:

Proteggere le reti wireless dalle minacce e prevenire accessi non autorizzati.

1. Tecniche di Protezione

- Utilizzo di protocolli sicuri (es. WPA3), configurazioni di access point.

2. Gestione dei Certificati e PKI

- Implementazione di certificati per autenticare dispositivi e utenti in rete.

Capitolo 26: Monitoraggio e Logging dei Sistemi

Obiettivo:

Monitorare le attività del sistema per rilevare anomalie e violazioni.

1. Log Management e Analisi

- Centralizzazione dei log, analisi in tempo reale e strumenti di gestione come Splunk.

2. Tecniche di Monitoraggio Avanzato

- Implementazione di Security Information and Event Management (SIEM) per il monitoraggio in tempo reale.

Capitolo 27: Risposta agli Incidenti di Sicurezza

Obiettivo:

Preparare un piano di risposta agli incidenti per minimizzare i danni.

1. Pianificazione della Risposta agli Incidenti

- Definizione di ruoli, responsabilità e comunicazioni in caso di violazioni.

2. Procedure di Contenimento e Recupero

- Strategie per contenere la minaccia e ripristinare il sistema.

Capitolo 28: Analisi Forense nei Sistemi Operativi

Obiettivo:

Esplorare tecniche di analisi forense per investigare gli incidenti di sicurezza.

1. Tecniche di Raccolta e Analisi delle Prove

- Conservazione dei log, analisi di malware e investigazione delle tracce digitali.

2. Strumenti di Analisi Forense

- Utilizzo di strumenti come EnCase, Autopsy per esaminare i dati.

Capitolo 29: Machine Learning per la Sicurezza Informatica

Obiettivo:

Utilizzare il machine learning per rilevare e prevenire minacce.

1. Applicazioni di ML nella Cybersecurity

- Algoritmi per il rilevamento delle minacce e analisi predittiva.

2. Strumenti e Framework di ML

- Scikit-learn, TensorFlow per lo sviluppo di modelli di rilevamento avanzato.

Capitolo 30: Intelligenza Artificiale nella Sicurezza

Obiettivo:

Utilizzare l'IA per automatizzare la rilevazione e la risposta agli attacchi.

1. Automazione della Sicurezza

- Impiego dell'IA per il rilevamento di anomalie, prevenzione degli attacchi e risposta.

Capitolo 31-40: Gestione dei Rischi, Penetration Testing, e Sicurezza dei Dati

- **Risk Management**: Valutazione, mitigazione dei rischi.
- **Penetration Testing**: Tecniche di testing per identificare vulnerabilità.
- **Data Loss Prevention (DLP)**: Prevenzione della perdita di dati.

Capitolo 41-50: Protezione delle Infrastrutture Critiche, IoT e Privacy

- **Zero Trust**: Modello di sicurezza avanzato che prevede verifiche costanti.
- **Protezione dei Dati Personali e GDPR**: Conformità alle normative.
- **Sicurezza dei Sistemi IoT**: Implementazione di policy di sicurezza e aggiornamenti regolari.

Capitolo 51-60: Difese contro Minacce Moderne e Gestione degli Aggiornamenti

- **Attacchi Ransomware**: Prevenzione e mitigazione dei rischi.
- **Gestione delle Patch e Aggiornamenti**: Automatizzazione degli aggiornamenti per minimizzare le vulnerabilità.
- **Automazione della Sicurezza**: Monitoraggio e analisi automatizzata delle minacce.

Capitolo 61-70: Sicurezza degli Ambienti Virtuali, Applicazioni Web e Network

- **Sicurezza dei Sistemi Virtuali e Container**: Controlli di accesso e monitoraggio.
- **Protezione delle Applicazioni Web**: Misure anti-intrusione e codifica sicura.
- **DNS Security e Sicurezza delle Reti**: Protezione contro i DNS spoofing e attacchi di rete.

Capitolo 71-80: Endpoint Protection e Monitoraggio Avanzato

- **Endpoint Detection and Response (EDR)**: Monitoraggio continuo degli endpoint per rilevare attività sospette.
- **Threat Hunting**: Identificazione proattiva delle minacce.
- **Application Whitelisting e Blacklisting**: Limitare l'esecuzione di software autorizzato.

Capitolo 81-90: Difese Avanzate e Rilevamento delle Frodi

- **Prevenzione delle Fughe di Dati**: DLP e crittografia avanzata.
- **Rilevamento delle Frodi**: Analisi comportamentale per identificare attività fraudolente.
- **RBAC**: Accesso basato sui ruoli per minimizzare i rischi.

Capitolo 91-99: Continuità Operativa, Disaster Recovery e Cyber Intelligence

- **Disaster Recovery**: Pianificazione di piani di ripristino.
- **Threat Intelligence Automatizzata**: Rilevamento di minacce in tempo reale.
- **Analisi del Comportamento Anomalo**: Identificazione di attività insolite.

Capitolo 100: Futuro della Sicurezza nei Sistemi Operativi

Obiettivo:

Esplorare le tendenze e le sfide future nella sicurezza dei sistemi operativi.

1. Tecnologie Emergenti

- **Blockchain**: Utilizzo per la gestione sicura delle identità e transazioni.
- **Quantum Computing**: Sfide e soluzioni legate alla potenza di calcolo per la decrittazione dei dati.

2. Sfide della Sicurezza Informatica Futura

- La crescita dell'IoT, AI avanzata, e la necessità di infrastrutture di sicurezza flessibili e scalabili.

Parte III: Politiche e Compliance (Capitoli 21-30)

- **Capitolo 21: Politiche di Sicurezza Aziendali**

  - Definizione, implementazione e gestione delle policy aziendali in ambito di sicurezza.
  - Processo di aggiornamento periodico e adattamento delle policy rispetto alle nuove normative e minacce.
- **Capitolo 22: Normative e Conformità nella Sicurezza Informatica**

  - Analisi delle normative principali (GDPR, HIPAA, PCI-DSS).
  - Importanza della conformità e tecniche di auditing per verificare il rispetto delle normative.

Moderna Architettura dei Sistemi Operativi Ubuntu: Compatibilità con Architetture Intel e Approfondimenti Tecnici

- **Capitolo 23-24: Analisi delle Minacce Moderne e Principali Tipi di Attacchi**
  - Tecniche di attacco più diffuse, come il phishing e gli attacchi DDoS.
  - Metodologie per identificare e proteggersi dalle minacce emergenti.
- **Capitolo 25-30: Certificati, PKI, e Monitoraggio**

  - Struttura e gestione di una PKI (Public Key Infrastructure) per l'emissione di certificati digitali.
  - Log management e monitoraggio delle attività del sistema.

Parte IV: Analisi delle Minacce e Risposta agli Incidenti (Capitoli 31-40)

- **Capitolo 31: Gestione dei Rischi in Sicurezza Informatica**

  - Identificazione, valutazione e mitigazione dei rischi.
  - Strategie di risk management come il trasferimento e la mitigazione del rischio.
- **Capitolo 32-35: Penetration Testing e Vulnerability Scanning**

  - Tecniche di penetration testing e i suoi strumenti principali, come Metasploit.
  - Vulnerability assessment e metodi per prioritizzare le vulnerabilità critiche.
- **Capitolo 36-40: Data Security e Zero Trust**

  - Implementazione del modello Zero Trust per la sicurezza aziendale.
  - Approcci per prevenire la perdita di dati (DLP) e l'uso di tecnologie di crittografia avanzata.

Parte V: Protezione e Monitoraggio degli Endpoint (Capitoli 41-50)

- **Capitolo 41: Endpoint Detection and Response (EDR)**

  - Sistemi avanzati per il monitoraggio degli endpoint.
  - Strumenti di analisi comportamentale per identificare anomalie sugli endpoint aziendali.
- **Capitolo 42-45: Protezione contro Phishing e Social Engineering**

  - Tecniche di ingegneria sociale e strategie di prevenzione.
  - Tecnologie e pratiche anti-phishing per mitigare il rischio di compromissione degli utenti.
- **Capitolo 46-50: Automazione della Sicurezza e Patch Management**

  - Sistemi di automazione per la gestione delle patch e aggiornamenti di sicurezza.
  - Integrazione della sicurezza nelle pipeline DevOps (DevSecOps).

Parte VI: Sicurezza Virtuale, Backup e Recupero (Capitoli 51-60)

- **Capitolo 51-55: Virtualizzazione e Sicurezza dei Container**

Moderna Architettura dei Sistemi Operativi Ubuntu: Compatibilità con Architetture Intel e Approfondimenti Tecnici

- Sicurezza nei sistemi virtualizzati e containerizzati come Docker e Kubernetes.
- Tecniche di isolamento e politiche RBAC per proteggere le risorse dei container.
- **Capitolo 56-60: Backup, Recupero e Disaster Recovery**
    - Strategie di backup e ripristino, protezione dei dati e piani di continuità operativa.
    - Test dei piani di disaster recovery e procedure di ripristino rapido.

Parte VII: Analisi Avanzata e Rilevamento delle Minacce (Capitoli 61-70)

- **Capitolo 61: Threat Hunting e Analisi Avanzata**
    - Tecniche di threat hunting proattivo per identificare le minacce prima che possano arrecare danni.
    - Strumenti avanzati per il rilevamento delle minacce (es. CrowdStrike, Carbon Black).
- **Capitolo 62-65: Analisi dei Malware e Rootkit Detection**
    - Tecniche di analisi statica e dinamica dei malware.
    - Rootkit e strategie di prevenzione, rilevamento e rimozione.
- **Capitolo 66-70: Protezione degli Ambienti di Sviluppo e delle API**
    - Approcci alla sicurezza delle API, inclusi controlli di autenticazione avanzati come OAuth.
    - Gestione delle identità e degli accessi per ambienti di sviluppo sicuri.

Parte VIII: Tecnologie di Protezione Critica e Rilevamento Frodi (Capitoli 71-80)

- **Capitolo 71-75: Sicurezza delle Applicazioni Web e Rete**
    - Misure di protezione per le applicazioni web come il Web Application Firewall (WAF).
    - Sicurezza del DNS per prevenire attacchi di spoofing e phishing.
- **Capitolo 76-80: Sicurezza delle Infrastrutture Critiche**
    - Sistemi di protezione delle infrastrutture critiche (es. energia, acqua) e SCADA.

Parte IX: Cyber Intelligence e Analisi delle Minacce (Capitoli 81-90)

- **Capitolo 81-85: Threat Intelligence e Protezione dei Dati**
    - Implementazione di Threat Intelligence per migliorare le difese e prevedere gli attacchi.
    - Strumenti di crittografia avanzata per proteggere i dati sensibili.
- **Capitolo 86-90: Sistemi di Disaster Recovery e Ripristino Dati**

- Backup, ripristino e recupero dati nelle infrastrutture cloud.

Parte X: Futuro della Sicurezza e Sfide Emergenti (Capitoli 91-100)

- **Capitolo 91-95: Quantum Computing e Blockchain nella Sicurezza**

  - Opportunità e sfide del quantum computing per la sicurezza.
  - Uso della blockchain per autenticazione e gestione degli accessi.
- **Capitolo 96-100: Security-by-Design e Approcci Futuri**

  - Integrare la sicurezza in ogni fase dello sviluppo software.
  - Analisi delle tendenze future e delle nuove tecnologie per affrontare le sfide della sicurezza informatica.

Parte III: Politiche di Sicurezza e Conformità Normativa

Nell'era digitale, le politiche di sicurezza aziendali (Capitolo 21) sono fondamentali per garantire che tutti i membri di un'organizzazione siano allineati alle migliori pratiche di sicurezza. Esse includono regole per la gestione delle password, la protezione dei dati sensibili e l'utilizzo dei dispositivi aziendali e personali in un contesto lavorativo. Le policy aziendali stabiliscono anche piani d'azione in caso di violazione della sicurezza, definendo la responsabilità di ciascun dipendente. Queste politiche devono evolversi continuamente per adeguarsi alle nuove normative di sicurezza informatica, come il GDPR o il CCPA (Capitolo 22), che regolano la gestione dei dati personali e richiedono rigide misure di sicurezza per proteggere le informazioni personali.

Conformarsi alle normative significa anche predisporre procedure di auditing che consentano di verificare costantemente il rispetto delle leggi e degli standard di settore. Questi audit regolari non solo prevengono sanzioni legali ma aiutano anche a garantire che i processi interni siano robusti e in linea con le migliori pratiche.

In parallelo, le aziende devono essere capaci di identificare e analizzare le minacce moderne (Capitolo 23), utilizzando metodologie di analisi delle minacce per comprendere come proteggersi efficacemente. Le tipologie di attacco sono oggi molteplici e includono il phishing, i ransomware e gli attacchi di social engineering (Capitolo 24). La protezione dalle minacce implica quindi un approccio multi-livello: educazione dei dipendenti, strumenti di rilevamento delle intrusioni, protezione delle reti wireless (Capitolo 25) e l'implementazione di una PKI (Public Key Infrastructure) per autenticare dispositivi e utenti.

Parte IV: Gestione delle Minacce e Risposta agli Incidenti

Una volta stabilite le basi delle policy di sicurezza e dei sistemi di conformità, l'attenzione si sposta su come gestire i rischi e rispondere agli incidenti. La gestione dei rischi (Capitolo 31) richiede una valutazione costante delle minacce e delle vulnerabilità, che permette di prendere decisioni informate su quali minacce sono prioritarie e come mitigarle. Questo include l'adozione di tecniche di penetration testing e vulnerability scanning (Capitolo 32-35) per scoprire le debolezze presenti nei sistemi. Il penetration testing consente di simulare attacchi reali, mentre il vulnerability scanning verifica la presenza di vulnerabilità note e di exploit che potrebbero essere sfruttati.

Una volta identificate le vulnerabilità, la protezione dei dati aziendali è fondamentale (Capitolo 36), così come l'adozione del modello Zero Trust (Capitolo 37), che garantisce che nessuno — interno o esterno — sia considerato affidabile per impostazione predefinita. Si prevede così un controllo rigoroso degli accessi e una verifica continua delle identità per mantenere la sicurezza in ogni fase.

Parte V: Sicurezza degli Endpoint e Controllo degli Accessi Avanzato

Negli ultimi anni, la protezione degli endpoint è diventata sempre più critica. Strumenti come l'Endpoint Detection and Response (EDR) (Capitolo 41) permettono di monitorare ogni dispositivo collegato alla rete, identificando comportamenti anomali che potrebbero segnalare la presenza di una minaccia. Questi sistemi di monitoraggio comportamentale sono essenziali per rilevare attacchi che sfuggono alle misure di protezione tradizionali, come il malware polimorfico.

La protezione degli endpoint non si limita al monitoraggio passivo; essa comprende anche la protezione proattiva contro attacchi di phishing e social engineering (Capitolo 42-45), educando i dipendenti a riconoscere e segnalare tentativi di truffa. Per garantire che i dispositivi siano sempre sicuri, l'automazione della sicurezza e la gestione delle patch (Capitolo 46-50) permettono di aggiornare regolarmente il software e correggere le vulnerabilità non appena vengono scoperte.

Parte VI: Backup, Ripristino e Sicurezza della Virtualizzazione

Il Capitolo 51 si focalizza sull'importanza di implementare una solida politica di backup e ripristino per proteggere i dati. Ogni azienda dovrebbe adottare una strategia di backup a livelli, garantendo che i dati critici siano replicati su più supporti e in località diverse per evitare perdite in caso di attacchi informatici o disastri naturali.

La virtualizzazione e la sicurezza dei container (Capitolo 52-55) rappresentano un aspetto fondamentale della protezione dei dati e delle applicazioni. Con l'adozione crescente di container come Docker e piattaforme di orchestrazione come Kubernetes, si rende necessario adottare pratiche di sicurezza specifiche, come il controllo degli accessi basato sui ruoli (RBAC), il monitoraggio continuo e l'isolamento dei processi per evitare che una vulnerabilità in un container comprometta l'intero sistema.

Infine, il disaster recovery (Capitolo 56-60) è una componente critica: le organizzazioni devono predisporre piani dettagliati per garantire che le operazioni possano essere ripristinate il più rapidamente possibile in caso di emergenza, riducendo al minimo i tempi di inattività e le perdite economiche.

Parte VII: Analisi Avanzata e Threat Hunting

I capitoli 61-70 approfondiscono le metodologie avanzate di rilevamento delle minacce e il concetto di threat hunting, che consiste in un approccio proattivo per identificare e contrastare le minacce avanzate prima che possano causare danni. Con il threat hunting, gli analisti della sicurezza informatica analizzano i dati dei sistemi per individuare segnali di attività sospette che potrebbero non essere rilevati dai sistemi di monitoraggio tradizionali.

L'analisi dei malware (Capitolo 62-65) e il rilevamento dei rootkit sono altri aspetti importanti della sicurezza. Analizzare i malware attraverso tecniche statiche e dinamiche consente agli esperti di capire come funzionano e di sviluppare contromisure specifiche. I rootkit, software malevolo che nasconde la presenza di altri malware nel sistema, richiedono strumenti avanzati di rilevamento e rimozione, poiché possono essere particolarmente difficili da individuare.

La protezione delle API (Capitolo 66-70) diventa essenziale in un mondo in cui le applicazioni sono sempre più integrate e interconnesse. Le API rappresentano un punto di accesso sensibile e, senza adeguate misure di sicurezza, possono essere una porta aperta per gli attaccanti. Per questo motivo, è importante implementare controlli di autenticazione avanzata come OAuth e monitorare continuamente l'uso delle API per rilevare accessi non autorizzati o comportamenti anomali.

Parte VIII: Sicurezza delle Infrastrutture Critiche e Controllo delle Reti

I capitoli 71-80 trattano la sicurezza delle infrastrutture critiche e delle applicazioni di rete. Le infrastrutture critiche, come gli impianti energetici, i sistemi di trasporto e le reti idriche, sono sempre più digitalizzate e quindi vulnerabili agli attacchi informatici. Proteggere queste infrastrutture (Capitolo 76) richiede un'attenzione particolare, non solo per la sicurezza fisica, ma anche per quella informatica, integrando sistemi di monitoraggio specializzati come i Supervisory Control and Data Acquisition (SCADA).

La sicurezza del DNS e delle reti (Capitolo 77-78) è un altro aspetto cruciale. Il DNS è la spina dorsale di Internet e, se compromesso, può essere utilizzato per redirigere gli utenti verso siti dannosi o per lanciare attacchi di tipo DDoS. Un Web Application Firewall (WAF) e altre soluzioni di protezione della rete sono essenziali per salvaguardare le applicazioni e i dati.

Parte IX: Cyber Intelligence e Analisi del Comportamento

La Cyber Threat Intelligence (Capitolo 81) è una pratica che consente di raccogliere, analizzare e interpretare informazioni sulle minacce emergenti. Questo permette alle organizzazioni di prepararsi agli attacchi futuri, adattando le proprie difese sulla base delle informazioni ottenute. La Cyber Threat Intelligence può essere automatizzata per garantire un monitoraggio costante e in tempo reale, attraverso sistemi di Intelligenza Artificiale e machine learning.

Il monitoraggio delle infrastrutture (Capitoli 85-90) richiede anche la predisposizione di un sistema di disaster recovery robusto e aggiornato, che garantisca la resilienza delle operazioni in caso di emergenza. Le tecniche di monitoraggio avanzato consentono di rilevare comportamenti anomali e di identificare attività sospette. Ad esempio, gli strumenti di User and Entity Behavior Analytics (UEBA) utilizzano l'intelligenza artificiale per analizzare i comportamenti degli utenti e rilevare variazioni che potrebbero indicare un attacco in corso.

Parte X: Tecnologie di Frontiera e il Futuro della Sicurezza Informatica

Infine, i capitoli 91-100 esplorano le tecnologie emergenti e il futuro della sicurezza. La computazione quantistica (Capitolo 91) promette di rivoluzionare la crittografia, ma comporta anche nuove sfide, poiché la potenza di calcolo quantistico potrebbe compromettere gli attuali algoritmi di crittografia. La blockchain (Capitolo 92) è un'altra tecnologia emergente, utilizzata per garantire la sicurezza delle transazioni e delle identità digitali, grazie alla sua natura decentralizzata e alla possibilità di tracciare ogni modifica.

Nel mondo digitale in rapida evoluzione, è fondamentale integrare la sicurezza in ogni fase del ciclo di sviluppo delle applicazioni (Capitolo 96), adottando il principio del Security-by-Design per garantire che i sistemi siano sicuri fin dalla progettazione. L'approccio DevSecOps, che integra la sicurezza nelle pratiche DevOps, è un esempio chiave di come la sicurezza può essere incorporata in tutte le fasi dello sviluppo, riducendo i rischi e aumentando la reattività agli incidenti.

Investimenti in Tecnologie Avanzate: Le organizzazioni dovranno implementare soluzioni come il rilevamento delle intrusioni basato su AI, la sicurezza dei dati attraverso la crittografia avanzata e sistemi di gestione delle identità e degli accessi (IAM) per proteggere le risorse aziendali.

- **Formazione del Personale**: La formazione continua del personale sarà fondamentale. Le simulazioni di attacchi (red teaming) e la formazione sulla consapevolezza della sicurezza possono aiutare a creare una cultura della sicurezza all'interno delle organizzazioni, riducendo il rischio di attacchi riusciti.

- **Equilibrio tra Innovazione e Sicurezza**: Le aziende devono adottare un approccio proattivo per integrare la sicurezza nelle loro strategie di innovazione. Ciò significa considerare la sicurezza fin dall'inizio dello sviluppo di prodotti e servizi, piuttosto che come un'aggiunta successiva.

- **Gestione delle Minacce in Evoluzione**: Con la crescita dell'Internet delle cose (IoT) e delle tecnologie cloud, la superficie di attacco si espande. Le organizzazioni dovranno sviluppare strategie di sicurezza che si adattino a queste nuove tecnologie, comprendendo le vulnerabilità specifiche associate.

- **Normative e Compliance**: Le regolamentazioni in materia di protezione dei dati e sicurezza informatica continueranno ad evolversi. Le organizzazioni dovranno garantire la conformità alle normative, come il GDPR e il CCPA, mentre si proteggono da violazioni e sanzioni.

- **Collaborazione e Condivisione delle Informazioni**: La collaborazione tra aziende, governi e istituzioni è essenziale per affrontare le minacce globali. La condivisione delle informazioni sulle minacce e sulle vulnerabilità può migliorare la resilienza collettiva della comunità.

Moderna Architettura dei Sistemi Operativi Ubuntu: Compatibilità con Architetture Intel e Approfondimenti Tecnici

Investimenti in Tecnologie Avanzate

Introduzione alle Tecnologie Avanzate

- Importanza delle tecnologie avanzate nella sicurezza informatica.
- Evoluzione delle minacce e necessità di una risposta tecnologica adeguata.

Rilevamento delle Intrusioni Basato su AI

- Spiegazione del funzionamento dei sistemi di rilevamento delle intrusioni (IDS) e delle intrusion prevention systems (IPS).
- Descrizione di come l'AI e il machine learning migliorano la rilevazione delle anomalie.
- Casi studio: esempi di successo nell'implementazione di IDS basati su AI.

Sicurezza dei Dati attraverso la Crittografia Avanzata

- Tipologie di crittografia: simmetrica, asimmetrica e hashing.
- Importanza della crittografia nella protezione dei dati sensibili.
- Tecnologie emergenti come la crittografia omomorfica e la crittografia quantistica.

Sistemi di Gestione delle Identità e degli Accessi (IAM)

- Definizione e importanza dei sistemi IAM.
- Best practices per la gestione degli accessi e dell'autenticazione.
- Tecnologie come l'autenticazione a più fattori (MFA) e i single sign-on (SSO).

Integrazione delle Tecnologie

- Sfide nell'integrare nuove tecnologie con i sistemi esistenti.
- Esempi di architetture di sicurezza integrate.

Formazione del Personale

Importanza della Formazione Continua

- Riconoscere che gli attacchi informatici sono spesso facilitati dall'errore umano.
- Come la formazione può ridurre significativamente il rischio di attacchi.

Simulazioni di Attacchi (Red Teaming)

- Descrizione delle attività di red teaming e del loro obiettivo.
- Esempi di come le simulazioni hanno rivelato vulnerabilità in organizzazioni.
- Metodi per implementare red teaming in modo efficace.

Formazione sulla Consapevolezza della Sicurezza

- Tecniche per educare il personale su phishing, ingegneria sociale e altre minacce.
- Sviluppo di programmi di formazione interattivi e coinvolgenti.
- Valutazione dell'efficacia della formazione attraverso test e feedback.

Moderna Architettura dei Sistemi Operativi Ubuntu: Compatibilità con Architetture Intel e Approfondimenti Tecnici

Equilibrio tra Innovazione e Sicurezza

Integrazione della Sicurezza nello Sviluppo del Prodotto

- Metodologie di sviluppo agile e DevSecOps: come incorporare la sicurezza sin dalle prime fasi.
- Valutazione dei rischi e mitigazione delle vulnerabilità in fase di progettazione.

Casi di Studio

- Esempi di aziende che hanno avuto successo nell'integrare la sicurezza nell'innovazione.
- Analisi di incidenti in cui la mancanza di attenzione alla sicurezza ha portato a fallimenti.

Promuovere una Cultura della Sicurezza

- Tecniche per promuovere la consapevolezza della sicurezza tra i dipendenti.
- Sviluppo di una mentalità proattiva verso la sicurezza.

Gestione delle Minacce in Evoluzione

Crescita dell'Internet delle Cose (IoT)

- Analisi delle sfide di sicurezza associate all'IoT.
- Strategie per proteggere i dispositivi IoT e le reti a cui sono connessi.

Sicurezza nel Cloud

- Rischi e vulnerabilità legati all'adozione del cloud computing.
- Tecniche per garantire la sicurezza dei dati e delle applicazioni nel cloud.

Adattamento alle Nuove Minacce

- Analisi delle tendenze emergenti nel panorama delle minacce.
- Importanza della risposta rapida e della resilienza alle violazioni.

Normative e Compliance

Evoluzione delle Regolamentazioni

- Panoramica delle normative attuali, come GDPR, CCPA e HIPAA.
- Analisi dell'impatto delle normative sulla sicurezza informatica.

Strategie per la Conformità

- Tecniche per garantire che le organizzazioni rispettino le normative.
- Implementazione di audit e reportistica per monitorare la conformità.

Sanzioni e Conseguenze delle Violazioni

- Analisi delle conseguenze legali ed economiche delle violazioni della sicurezza.
- Casi studio di aziende che hanno affrontato sanzioni per non conformità.

Collaborazione e Condivisione delle Informazioni

Importanza della Collaborazione

- Riflessione sul ruolo della collaborazione tra settori pubblico e privato.
- Come le alleanze possono migliorare la resilienza collettiva.

Piattaforme di Condivisione delle Informazioni

- Descrizione di piattaforme esistenti per la condivisione delle informazioni sulle minacce.
- Esempi di successo di condivisione delle informazioni che hanno portato a prevenire attacchi.

Costruire una Comunità di Sicurezza

- Tecniche per promuovere la collaborazione tra aziende e istituzioni.
- Importanza della fiducia nella condivisione delle informazioni sensibili.

Conclusioni e Futuro della Sicurezza Informatica

Riflessioni Finali

- Sintesi dei punti chiave trattati nel capitolo.
- Visione futura della sicurezza informatica e l'importanza di un approccio integrato.

Chiamata all'Azione

- Incoraggiamento alle organizzazioni a investire nella sicurezza e a formare il personale.
- Importanza di rimanere aggiornati sulle nuove minacce e tecnologie.

Sviluppo Dettagliato

Ogni sezione potrebbe essere espansa in base a ricerche approfondite, statistiche, interviste con esperti del settore e casi studio specifici. Potresti includere grafici, diagrammi e tabelle per illustrare punti complessi. Inoltre, includere appendici con risorse, modelli di documenti di sicurezza e linee guida pratiche potrebbe arricchire ulteriormente l'opera.

Capitolo 100: Il Futuro della Sicurezza Informatica

Introduzione

Con l'evoluzione continua della tecnologia, il panorama della sicurezza informatica sta cambiando rapidamente. Le organizzazioni affrontano una crescente varietà di minacce informatiche che diventano sempre più sofisticate. Le tecnologie avanzate, la formazione del personale e l'adeguamento alle normative sono aspetti cruciali per garantire la sicurezza delle informazioni. Questo capitolo esplorerà come le organizzazioni possono affrontare le sfide future della sicurezza informatica attraverso l'implementazione di soluzioni innovative, la creazione di una cultura della sicurezza e la promozione della collaborazione.

Moderna Architettura dei Sistemi Operativi Ubuntu: Compatibilità con Architetture Intel e Approfondimenti Tecnici

1. Investimenti in Tecnologie Avanzate

1.1 Rilevamento delle Intrusioni Basato su AI

L'intelligenza artificiale (AI) sta rivoluzionando il modo in cui le organizzazioni rilevano e rispondono alle minacce informatiche. I sistemi di rilevamento delle intrusioni (IDS) e i sistemi di prevenzione delle intrusioni (IPS) tradizionali si basano su regole statiche e firme conosciute per identificare attività sospette. Tuttavia, queste metodologie possono risultare inefficaci contro attacchi nuovi e sofisticati.

I sistemi IDS/IPS basati su AI utilizzano algoritmi di machine learning per analizzare enormi volumi di dati in tempo reale, identificando comportamenti anomali che potrebbero indicare un attacco in corso. Ad esempio, possono rilevare variazioni nei modelli di traffico di rete o nelle abitudini di accesso degli utenti. Implementando queste tecnologie, le organizzazioni possono migliorare significativamente i loro tempi di risposta e ridurre il rischio di compromissioni.

Casi Studio:

- **Darktrace**: Questa azienda utilizza AI per il rilevamento delle minacce, analizzando il traffico di rete e identificando anomalie in tempo reale. Le sue tecnologie hanno dimostrato di rilevare attacchi di ransomware prima che possano diffondersi.

1.2 Sicurezza dei Dati attraverso la Crittografia Avanzata

La crittografia è una delle tecnologie fondamentali per proteggere i dati sensibili. Con l'aumento delle violazioni dei dati, le organizzazioni devono adottare tecniche di crittografia avanzate per garantire che le informazioni rimangano al sicuro, sia a riposo che in transito.

Esistono diverse forme di crittografia, tra cui:

- **Crittografia simmetrica**: utilizza la stessa chiave per cifrare e decifrare i dati.
- **Crittografia asimmetrica**: utilizza una coppia di chiavi (una pubblica e una privata), consentendo scambi sicuri di informazioni senza la necessità di condividere una chiave segreta.

Tecnologie emergenti come la crittografia omomorfica permettono operazioni sui dati cifrati senza necessità di decrittazione, aumentando la sicurezza dei dati anche durante l'elaborazione. Inoltre, la crittografia quantistica promette di fornire livelli di sicurezza senza precedenti grazie ai principi della fisica quantistica.

Applicazione pratica:

- **Google**: Utilizza tecnologie di crittografia avanzata per proteggere i dati degli utenti su Gmail, assicurando che solo i destinatari autorizzati possano accedere ai contenuti delle email.

1.3 Sistemi di Gestione delle Identità e degli Accessi (IAM)

I sistemi di gestione delle identità e degli accessi (IAM) sono essenziali per controllare chi può accedere a quali risorse all'interno di un'organizzazione. La sicurezza degli accessi è diventata cruciale in un contesto in cui le minacce interne e esterne possono compromettere la sicurezza dei dati.

Le migliori pratiche per i sistemi IAM includono:

- **Autenticazione a più fattori (MFA)**: Richiedere più di un metodo di verifica dell'identità, come una password e un codice inviato via SMS.
- **Single Sign-On (SSO)**: Permettere agli utenti di accedere a più applicazioni con un'unica autenticazione, riducendo il numero di credenziali da gestire.

La gestione delle identità deve anche includere politiche di accesso basate su ruoli (RBAC) e audit regolari per garantire che gli accessi siano adeguati e aggiornati.

Esempio di implementazione:

- **Okta**: Un leader nel settore IAM che offre soluzioni per semplificare l'autenticazione e migliorare la sicurezza degli accessi in cloud e on-premise.

1.4 Integrazione delle Tecnologie

Mentre le tecnologie avanzate offrono nuove opportunità di sicurezza, l'integrazione con i sistemi esistenti può essere complessa. Le organizzazioni devono affrontare diverse sfide:

- **Compatibilità dei sistemi**: Assicurarsi che nuove soluzioni siano compatibili con l'infrastruttura esistente.
- **Gestione del cambiamento**: Preparare il personale all'adozione di nuove tecnologie e processi.

Soluzioni per l'integrazione:

- Sviluppo di architetture di sicurezza integrate che consentano una visione unificata delle minacce e delle vulnerabilità.
- Utilizzo di API per connettere sistemi diversi e facilitare lo scambio di informazioni di sicurezza.

2. Formazione del Personale

2.1 Importanza della Formazione Continua

La formazione del personale è fondamentale per la sicurezza informatica. Gli attacchi informatici sono spesso facilitati dall'errore umano, quindi educare i dipendenti sulle minacce e sulle buone pratiche di sicurezza è essenziale. Le organizzazioni dovrebbero investire in programmi di formazione continua per assicurare che il personale rimanga aggiornato sulle ultime minacce e tecniche di attacco.

2.2 Simulazioni di Attacchi (Red Teaming)

Le simulazioni di attacchi, comunemente note come red teaming, consentono alle organizzazioni di testare le loro difese attraverso attacchi controllati. Un team di esperti di sicurezza agisce come un attaccante per identificare vulnerabilità e punti deboli nelle difese dell'organizzazione.

Benefici del red teaming:

- Rivelazione di vulnerabilità non identificate.
- Miglioramento delle capacità di risposta agli incidenti.

Esempi di implementazione:

- **PwC e Deloitte**: Offrono servizi di red teaming per testare le difese delle organizzazioni e fornire raccomandazioni su come migliorare la sicurezza.

2.3 Formazione sulla Consapevolezza della Sicurezza

I programmi di formazione sulla consapevolezza della sicurezza mirano a educare i dipendenti su come identificare e reagire a potenziali minacce, come phishing e ingegneria sociale. Tecniche per migliorare la formazione includono:

- Sessioni interattive di formazione.
- Simulazioni di attacchi di phishing per testare la prontezza dei dipendenti.

2.4 Cultura della Sicurezza

Creare una cultura della sicurezza all'interno dell'organizzazione è fondamentale per garantire che ogni dipendente prenda sul serio le questioni di sicurezza. Ciò può includere:

- La promozione di una mentalità proattiva rispetto alla sicurezza.
- Incoraggiare i dipendenti a segnalare attività sospette senza timore di ripercussioni.

3. Equilibrio tra Innovazione e Sicurezza

3.1 Integrazione della Sicurezza nello Sviluppo del Prodotto

L'integrazione della sicurezza nel ciclo di vita dello sviluppo del software è essenziale per garantire che i prodotti siano sicuri sin dall'inizio. Le metodologie come DevSecOps promuovono una cultura in cui la sicurezza è considerata una parte fondamentale dello sviluppo, anziché un'aggiunta successiva.

Strategie di integrazione:

- Condurre analisi di vulnerabilità durante le fasi di progettazione.
- Utilizzare strumenti di scansione automatizzati per identificare problemi di sicurezza nel codice.

3.2 Casi di Studio

Diverse aziende hanno dimostrato come l'integrazione della sicurezza nelle loro pratiche di sviluppo abbia portato a risultati positivi. Ad esempio, aziende nel settore tecnologico che adottano pratiche di sviluppo sicuro hanno ridotto il numero di vulnerabilità nei loro prodotti finali.

3.3 Promuovere una Cultura della Sicurezza

Fomentare una cultura della sicurezza richiede l'impegno di tutta l'organizzazione. Questo include:

- Formazione continua e aggiornamenti regolari su minacce e misure di sicurezza.
- Incentivi per i dipendenti che segnalano vulnerabilità o comportamenti sospetti.

4. Gestione delle Minacce in Evoluzione

4.1 Crescita dell'Internet delle Cose (IoT)

L'Internet delle cose ha portato a un aumento significativo dei dispositivi connessi, creando nuove vulnerabilità. Ogni dispositivo rappresenta un potenziale punto d'ingresso per gli attaccanti. Le organizzazioni devono implementare strategie di sicurezza specifiche per i dispositivi IoT, come:

- Segmentazione della rete per isolare i dispositivi IoT da altre risorse critiche.
- Applicazione di aggiornamenti e patch regolari per mantenere i dispositivi sicuri.

4.2 Cybercrime e Ransomware

Il crimine informatico continua a crescere, con attacchi di ransomware che diventano sempre più prevalenti. Le organizzazioni devono adottare misure preventive, tra cui:

- Backup regolari dei dati per garantire il ripristino in caso di attacco.
- Formazione del personale per riconoscere e prevenire attacchi di phishing e ransomware.

4.3 Minacce Avanzate Persistenti (APT)

Le minacce avanzate persistenti sono attacchi mirati e prolungati, spesso condotti da attori statali o gruppi di hacker altamente organizzati. Le organizzazioni devono adottare un approccio multilivello per difendersi, che includa:

- Rilevamento proattivo delle minacce tramite monitoraggio continuo.
- Risposta rapida agli incidenti per mitigare i danni.

5. Conformità Normativa

5.1 Normative Globali sulla Sicurezza

Con l'aumento delle preoccupazioni per la privacy dei dati, le organizzazioni devono conformarsi a normative come il GDPR in Europa e il CCPA in California. Queste normative stabiliscono requisiti rigorosi per la protezione dei dati e la privacy.

Strategie per la conformità:

- Condurre audit regolari della sicurezza dei dati.
- Implementare politiche di gestione dei dati che rispettino le normative.

5.2 Creazione di Policy Internazionali

Le organizzazioni devono creare politiche di sicurezza che si adattino a diversi contesti normativi globali. Questo può includere l'adozione di standard di sicurezza internazionali come ISO 27001 per dimostrare l'impegno nella protezione dei dati.

6. Collaborazione e Condivisione delle Informazioni

6.1 Collaborazione tra Settore Pubblico e Privato

La collaborazione tra il settore pubblico e privato è fondamentale per affrontare le minacce informatiche. Le organizzazioni devono lavorare insieme per condividere informazioni sulle minacce e sviluppare soluzioni innovative.

Esempi di iniziative collaborative:

- Gruppi di lavoro tra agenzie governative e aziende tecnologiche per combattere la cybercriminalità.

6.2 Network di Condivisione delle Informazioni

I network di condivisione delle informazioni consentono alle organizzazioni di condividere intelligence sulle minacce e sulle vulnerabilità. Questo approccio collettivo aumenta la consapevolezza delle minacce e migliora le capacità di risposta.

Esempio di implementazione:

- **ISAC (Information Sharing and Analysis Center)**: Organizzazioni che si uniscono per condividere informazioni sulle minacce e best practice per la sicurezza.

7. Conclusione

Il futuro della sicurezza informatica è caratterizzato da sfide e opportunità. Le organizzazioni devono investire in tecnologie avanzate, formare il personale e promuovere una cultura della sicurezza per affrontare le minacce in continua evoluzione. Solo attraverso un approccio proattivo e collaborativo le aziende potranno garantire la sicurezza delle loro informazioni e risorse nel panorama digitale in continua evoluzione.

Tecnologie Avanzate

1. **Domanda:** Qual è il ruolo dell'Intelligenza Artificiale nella sicurezza informatica? **Risposta:** L'Intelligenza Artificiale (AI) gioca un ruolo cruciale nel rilevamento delle minacce, nell'analisi dei dati e nella risposta agli incidenti. Utilizzando algoritmi di machine learning, i sistemi di sicurezza possono identificare comportamenti anomali e pattern di attacco, migliorando la velocità e l'accuratezza nella rilevazione delle minacce.

2. **Domanda:** Come funziona la crittografia asimmetrica? **Risposta:** La crittografia asimmetrica utilizza una coppia di chiavi, una pubblica e una privata. La chiave pubblica è utilizzata per cifrare i dati, mentre la chiave privata viene utilizzata per decifrarli. Questo metodo consente comunicazioni sicure senza la necessità di condividere una chiave segreta.

3. **Domanda:** Cosa sono i sistemi di gestione delle identità e degli accessi (IAM)? **Risposta:** I sistemi IAM sono strumenti che aiutano a gestire le identità digitali e a controllare l'accesso alle risorse aziendali. Questi sistemi implementano politiche di sicurezza come l'autenticazione a più fattori e il controllo degli accessi basato su ruoli per garantire che solo gli utenti autorizzati possano accedere a informazioni sensibili.

4. **Domanda:** Quali sono i vantaggi dell'uso della crittografia omomorfica? **Risposta:** La crittografia omomorfica consente di eseguire operazioni su dati cifrati senza decrittarli, preservando la riservatezza delle informazioni. Questo approccio è particolarmente utile per elaborare dati sensibili nel cloud, garantendo privacy e sicurezza.

5. **Domanda:** Qual è l'importanza della segmentazione della rete nella sicurezza informatica? **Risposta:** La segmentazione della rete riduce il rischio di attacchi laterali, limitando l'accesso a parti specifiche della rete. Separando i sistemi critici da quelli meno sicuri, le organizzazioni possono contenere la diffusione di malware e migliorare la sicurezza generale.

Formazione del Personale

6. **Domanda:** Perché è fondamentale la formazione continua del personale sulla sicurezza informatica? **Risposta:** La formazione continua è essenziale perché il panorama delle minacce è in continua evoluzione. Educare i dipendenti sulle ultime tecniche di attacco e sulle migliori pratiche di sicurezza riduce il rischio di errori umani e aumenta la consapevolezza delle minacce.

7. **Domanda:** Cos'è il red teaming e quali sono i suoi benefici? **Risposta:** Il red teaming consiste nell'eseguire simulazioni di attacco per testare la sicurezza di un'organizzazione. I benefici includono la scoperta di vulnerabilità, l'amélioramento delle capacità di risposta agli incidenti e la sensibilizzazione del personale sulla sicurezza.

8. **Domanda:** Come possono le organizzazioni creare una cultura della sicurezza? **Risposta:** Per creare una cultura della sicurezza, le organizzazioni devono incoraggiare la responsabilità individuale, offrire formazione regolare e stabilire politiche chiare. Riconoscere i dipendenti che segnalano potenziali minacce può anche motivare una maggiore attenzione alla sicurezza.

9. **Domanda:** Quali sono le migliori pratiche per la formazione sulla consapevolezza della sicurezza? **Risposta:** Le migliori pratiche includono sessioni interattive, simulazioni di attacchi, comunicazioni regolari su minacce emergenti e la promozione di una comunicazione aperta su problemi di sicurezza all'interno dell'organizzazione.

10. **Domanda:** Qual è l'importanza delle simulazioni di attacchi di phishing? **Risposta:** Le simulazioni di attacchi di phishing aiutano a testare la prontezza dei dipendenti nel riconoscere e reagire a tentativi di phishing. Questi test possono evidenziare aree in cui è necessaria ulteriore formazione e sensibilizzazione.

Gestione delle Minacce

11. **Domanda:** Quali sono le principali minacce associate all'Internet delle Cose (IoT)? **Risposta:** Le principali minacce associate all'IoT includono vulnerabilità nei dispositivi, accessi non autorizzati e attacchi informatici che possono compromettere la sicurezza dei dati. La proliferazione di dispositivi IoT crea anche un maggiore numero di punti di ingresso per gli attaccanti.

12. **Domanda:** Come possono le organizzazioni proteggere i loro dispositivi IoT? **Risposta:** Le organizzazioni possono proteggere i dispositivi IoT implementando la segmentazione della rete, aggiornando regolarmente il firmware e utilizzando soluzioni di autenticazione robuste. La formazione del personale sull'uso sicuro dei dispositivi IoT è altrettanto importante.

13. **Domanda:** Cosa sono le minacce avanzate persistenti (APT)? **Risposta:** Le minacce avanzate persistenti (APT) sono attacchi prolungati e mirati condotti da attori statali o gruppi di hacker ben organizzati. Questi attacchi cercano di infiltrarsi in reti per rubare informazioni sensibili nel lungo termine.

14. **Domanda:** Quali strategie possono essere adottate per combattere il ransomware? **Risposta:** Le strategie contro il ransomware includono il backup regolare dei dati, l'aggiornamento delle applicazioni e dei sistemi operativi, la formazione del personale sulla riconoscibilità degli attacchi e l'implementazione di soluzioni di sicurezza avanzate.

15. **Domanda:** Come influisce il telelavoro sulla sicurezza informatica? **Risposta:** Il telelavoro aumenta la superficie di attacco, poiché i dipendenti possono accedere a reti aziendali da luoghi non sicuri. Le organizzazioni devono implementare misure di sicurezza aggiuntive, come VPN e autenticazione a più fattori, per proteggere i dati aziendali.

Conformità Normativa

16. **Domanda:** Quali sono i requisiti principali del GDPR? **Risposta:** Il GDPR richiede che le organizzazioni proteggano i dati personali dei cittadini dell'Unione Europea. I requisiti principali includono il consenso esplicito per il trattamento dei dati, il diritto all'accesso e alla cancellazione dei dati e l'obbligo di notificare le violazioni.

17. **Domanda:** Come possono le aziende garantire la conformità al GDPR? **Risposta:** Le aziende possono garantire la conformità al GDPR conducendo audit dei dati, implementando politiche di protezione dei dati, formando il personale e nominando un Responsabile della Protezione dei Dati (DPO).

18. **Domanda:** Cosa è il CCPA e come si differenzia dal GDPR? **Risposta:** Il California Consumer Privacy Act (CCPA) è una legge sulla privacy dei dati che fornisce ai consumatori californiani diritti sui loro dati personali. A differenza del GDPR, il CCPA si concentra principalmente sulla trasparenza e sull'obbligo di informare i consumatori sui diritti relativi ai loro dati.

19. **Domanda:** Qual è l'importanza degli audit di sicurezza per la conformità normativa? **Risposta:** Gli audit di sicurezza sono essenziali per valutare l'efficacia delle misure di sicurezza implementate e per identificare aree di non conformità. Aiutano le organizzazioni a migliorare la loro postura di sicurezza e a dimostrare conformità alle normative.

20. **Domanda:** Come possono le aziende gestire le violazioni dei dati secondo le normative? **Risposta:** Le aziende devono avere un piano di risposta alle violazioni che includa la notifica tempestiva agli interessati e alle autorità competenti, oltre a misure per contenere la violazione e ripristinare la sicurezza.

Collaborazione e Condivisione delle Informazioni

21. **Domanda:** Qual è il ruolo della collaborazione tra settore pubblico e privato nella sicurezza informatica? **Risposta:** La collaborazione tra settore pubblico e privato è fondamentale per affrontare le minacce informatiche. Consente la condivisione di informazioni sulle minacce, l'adozione di best practice comuni e la promozione di iniziative di sicurezza congiunte.

22. **Domanda:** Cos'è un ISAC e quale funzione svolge? **Risposta:** Un Information Sharing and Analysis Center (ISAC) è un'organizzazione che consente alle aziende di diversi settori di condividere informazioni sulle minacce e le vulnerabilità. Gli ISAC forniscono intelligence sulle minacce, consentendo alle organizzazioni di migliorare le loro difese.

23. **Domanda:** Come può la condivisione delle informazioni migliorare la sicurezza informatica? **Risposta:** La condivisione delle informazioni consente alle organizzazioni di apprendere dalle esperienze altrui, migliorare la loro consapevolezza delle minacce e sviluppare soluzioni più efficaci per proteggere i loro sistemi.

24. **Domanda:** Quali sono i vantaggi delle alleanze pubbliche-private nella cybersecurity? **Risposta:** Le alleanze pubbliche-private offrono opportunità per la condivisione delle risorse, l'accesso a competenze specializzate e il coordinamento nella risposta alle minacce. Queste collaborazioni possono migliorare la preparazione e la resilienza complessiva delle organizzazioni.

25. **Domanda:** Come le aziende possono beneficiare delle best practice di sicurezza condivise? **Risposta:** Le aziende possono beneficiare delle best practice di sicurezza condivise attraverso l'implementazione di politiche e procedure collaudate, l'ottimizzazione delle risorse di sicurezza e l'accesso a strumenti e tecnologie innovativi.

Continuazione delle Domande e Risposte

26. **Domanda:** Quali strumenti possono le organizzazioni utilizzare per la gestione degli incidenti di sicurezza? **Risposta:** Le organizzazioni possono utilizzare strumenti di gestione degli incidenti come SIEM (Security Information and Event Management), sistemi di risposta agli incidenti e piattaforme di orchestrazione per monitorare e rispondere rapidamente agli incidenti di sicurezza.

27. **Domanda:** Cosa sono i test di penetrazione e perché sono importanti? **Risposta:** I test di penetrazione sono simulazioni controllate di attacchi informatici effettuate per valutare la sicurezza dei sistemi. Sono importanti perché aiutano a identificare vulnerabilità prima che possano essere sfruttate da attaccanti reali.

28. **Domanda:** Qual è l'importanza della gestione delle vulnerabilità nella sicurezza informatica? **Risposta:** La gestione delle vulnerabilità è fondamentale per identificare e risolvere le debolezze nei sistemi e nelle applicazioni. Consente di ridurre il rischio di attacchi informatici e di mantenere un ambiente sicuro.

29. **Domanda:** Come possono le aziende prepararsi a un attacco informatico? **Risposta:** Le aziende possono prepararsi a un attacco informatico implementando piani di risposta agli

incidenti, formando il personale, effettuando test di penetrazione regolari e monitorando costantemente le loro reti per comportamenti anomali.

30. **Domanda:** Quali sono le tecniche comuni utilizzate dagli attaccanti per compromettere un sistema? **Risposta:** Le tecniche comuni includono il phishing, l'iniezione SQL, l'attacco di forza bruta, l'uso di malware e l'exploit di vulnerabilità conosciute. La consapevolezza di queste tecniche aiuta le organizzazioni a implementare misure preventive.

Domande Fino a 200

31. **Domanda:** Come influiscono i social media sulla sicurezza informatica delle organizzazioni? **Risposta:** I social media possono rappresentare un rischio per la sicurezza informatica poiché possono essere utilizzati dagli attaccanti per raccogliere informazioni sensibili sui dipendenti e sulla cultura aziendale. Le organizzazioni devono educare i dipendenti a usare i social media in modo sicuro.

32. **Domanda:** Quali sono le conseguenze legali di una violazione della sicurezza? **Risposta:** Le conseguenze legali di una violazione della sicurezza possono includere multe, azioni legali da parte di clienti o dipendenti, e danni reputazionali significativi. Le organizzazioni possono anche affrontare la supervisione delle autorità di regolamentazione.

33. **Domanda:** Cosa possono fare le organizzazioni per prevenire gli attacchi DDoS? **Risposta:** Le organizzazioni possono prevenire gli attacchi DDoS implementando misure come la ridondanza della rete, la limitazione del traffico e l'utilizzo di servizi di mitigazione DDoS per gestire e filtrare il traffico dannoso.

34. **Domanda:** Come possono le aziende garantire la sicurezza delle proprie reti Wi-Fi? **Risposta:** Le aziende possono garantire la sicurezza delle reti Wi-Fi utilizzando protocolli di crittografia robusti (come WPA3), limitando l'accesso alla rete, nascondendo il SSID e monitorando attivamente la rete per attività sospette.

35. **Domanda:** Qual è il ruolo della crittografia nella protezione dei dati sensibili? **Risposta:** La crittografia protegge i dati sensibili trasformandoli in un formato non leggibile per chi non possiede la chiave di decrittazione. Questo assicura che anche se i dati vengono intercettati, non possano essere utilizzati da attaccanti.

36. **Domanda:** Cosa implica la conformità alla ISO 27001? **Risposta:** La conformità alla ISO 27001 implica l'implementazione di un sistema di gestione della sicurezza delle informazioni (ISMS) che identifica e gestisce i rischi per la sicurezza delle informazioni e garantisce la protezione dei dati aziendali.

37. **Domanda:** Quali misure possono essere adottate per proteggere i dati in transito? **Risposta:** Le misure per proteggere i dati in transito includono l'uso di protocolli di sicurezza come HTTPS, SSL/TLS e VPN, che crittografano i dati durante la trasmissione per prevenire intercettazioni.

38. **Domanda:** Come possono le organizzazioni affrontare il problema della sicurezza delle applicazioni? **Risposta:** Le organizzazioni possono affrontare la sicurezza delle applicazioni

implementando pratiche di codifica sicura, test di sicurezza delle applicazioni e valutazioni regolari delle vulnerabilità per garantire che le applicazioni siano protette da attacchi.

39. **Domanda:** Cos'è un attacco zero-day e come può essere mitigato? **Risposta:** Un attacco zero-day sfrutta vulnerabilità sconosciute al pubblico e non ancora patchate. Per mitigare il rischio, le organizzazioni devono adottare un approccio proattivo alla sicurezza, monitorando attivamente la rete e applicando le patch non appena diventano disponibili.

40. **Domanda:** Quali sono i segnali che un'organizzazione sta subendo un attacco informatico? **Risposta:** I segnali di un attacco informatico possono includere rallentamenti anomali dei sistemi, accessi non autorizzati a dati sensibili, allarmi di sicurezza attivati e comportamenti insoliti da parte degli utenti.

Completamento con Domande e Risposte

41. **Domanda:** Cosa sono i malware e come possono essere classificati? **Risposta:** I malware sono software dannosi progettati per compromettere i sistemi informatici. Possono essere classificati in diverse categorie, tra cui virus, worm, trojan, ransomware e spyware, a seconda del loro funzionamento e delle loro finalità.

42. **Domanda:** Qual è il ruolo delle politiche di password nella sicurezza informatica? **Risposta:** Le politiche di password stabiliscono requisiti di complessità e scadenza delle password per proteggere gli account utente. Politiche forti aiutano a prevenire accessi non autorizzati e a ridurre il rischio di attacchi di forza bruta.

43. **Domanda:** Come possono le organizzazioni garantire la sicurezza delle proprie infrastrutture cloud? **Risposta:** Le organizzazioni possono garantire la sicurezza delle infrastrutture cloud implementando misure di crittografia, controlli di accesso rigorosi e monitoraggio continuo delle attività per identificare comportamenti anomali.

44. **Domanda:** Cosa implica l'implementazione di un programma di sicurezza informatica? **Risposta:** L'implementazione di un programma di sicurezza informatica implica l'identificazione delle vulnerabilità, la definizione di politiche di sicurezza, la formazione del personale, l'adozione di tecnologie di sicurezza e la pianificazione della risposta agli incidenti.

45. **Domanda:** Quali sono le sfide legate all'adozione della sicurezza informatica nel settore sanitario? **Risposta:** Le sfide includono la protezione dei dati sensibili dei pazienti, la conformità alle normative sulla privacy, la gestione dei dispositivi IoT e l'integrazione di sistemi legacy con soluzioni di sicurezza moderne.

46. **Domanda:** Come può la crittografia end-to-end proteggere le comunicazioni? **Risposta:** La crittografia end-to-end assicura che solo il mittente e il destinatario possano leggere il contenuto della comunicazione, impedendo l'accesso a terzi, anche se i dati vengono intercettati durante la trasmissione.

47. **Domanda:** Qual è il ruolo della resilienza informatica? **Risposta:** La resilienza informatica si riferisce alla capacità di un'organizzazione di anticipare, resistere e recuperare da incidenti

di sicurezza. Implica l'implementazione di strategie di preparazione e risposta per garantire la continuità delle operazioni.

48. **Domanda:** Come le aziende possono utilizzare l'analisi dei dati per migliorare la sicurezza? **Risposta:** Le aziende possono utilizzare l'analisi dei dati per monitorare attività anomale, identificare modelli di attacco e prevedere minacce future. L'analisi approfondita delle informazioni di sicurezza consente una risposta più rapida e informata agli incidenti.

49. **Domanda:** Qual è l'importanza della gestione delle patch? **Risposta:** La gestione delle patch è cruciale per mantenere i sistemi aggiornati e sicuri. Le patch risolvono vulnerabilità note e migliorano le funzionalità di sicurezza, riducendo il rischio di exploit.

50. **Domanda:** Come possono le organizzazioni educare i propri dipendenti sulla sicurezza informatica? **Risposta:** Le organizzazioni possono educare i dipendenti attraverso programmi di formazione regolari, simulazioni di attacchi e campagne di sensibilizzazione sui rischi di sicurezza. Questo aiuta a costruire una cultura della sicurezza all'interno dell'azienda.

Ulteriori Domande

51. **Domanda:** Cosa sono i firewall e quale ruolo svolgono nella sicurezza informatica? **Risposta:** I firewall sono dispositivi o software che monitorano e controllano il traffico di rete in entrata e in uscita, proteggendo le reti da accessi non autorizzati e attacchi. Svolgono un ruolo fondamentale nella protezione delle risorse aziendali.

52. **Domanda:** Qual è l'importanza della gestione delle identità e degli accessi (IAM)? **Risposta:** La gestione delle identità e degli accessi è essenziale per garantire che solo le persone autorizzate abbiano accesso alle risorse aziendali. Implementa controlli rigorosi per monitorare e gestire l'accesso degli utenti.

53. **Domanda:** Come possono le organizzazioni identificare e rispondere a minacce interne? **Risposta:** Le organizzazioni possono identificare minacce interne monitorando i comportamenti degli utenti, implementando controlli di accesso e conducenti audit regolari per rilevare attività sospette.

54. **Domanda:** Qual è il ruolo della formazione continua nella sicurezza informatica? **Risposta:** La formazione continua è cruciale per mantenere il personale aggiornato sulle ultime minacce e sulle migliori pratiche di sicurezza. Aiuta a garantire che i dipendenti siano pronti a riconoscere e rispondere a potenziali rischi.

55. **Domanda:** Quali sono i vantaggi dell'autenticazione a più fattori (MFA)? **Risposta:** L'autenticazione a più fattori aumenta la sicurezza degli account richiedendo più prove di identità prima di concedere l'accesso. Questo riduce il rischio di accessi non autorizzati anche se una password viene compromessa.

56. **Domanda:** Come può un'organizzazione valutare la propria postura di sicurezza informatica? **Risposta:** Un'organizzazione può valutare la propria postura di sicurezza

informatica attraverso audit di sicurezza, test di penetrazione, valutazioni delle vulnerabilità e revisione delle politiche e delle procedure di sicurezza.

57. **Domanda:** Quali sono le responsabilità legali delle aziende in caso di violazione dei dati? **Risposta:** Le aziende hanno la responsabilità legale di notificare le autorità competenti e gli interessati in caso di violazione dei dati, implementare misure correttive e garantire la protezione delle informazioni sensibili.

58. **Domanda:** Cosa implica la crittografia dei dati a riposo? **Risposta:** La crittografia dei dati a riposo implica la protezione dei dati memorizzati su dispositivi o server utilizzando algoritmi crittografici. Questo assicura che i dati rimangano protetti anche in caso di accesso non autorizzato ai dispositivi.

59. **Domanda:** Come possono le organizzazioni mitigare il rischio di phishing? **Risposta:** Le organizzazioni possono mitigare il rischio di phishing attraverso la formazione dei dipendenti, l'implementazione di filtri antiphishing e la promozione di una cultura della sicurezza che incoraggi la segnalazione di tentativi di phishing.

60. **Domanda:** Qual è il ruolo dei servizi di threat intelligence nella sicurezza informatica? **Risposta:** I servizi di threat intelligence forniscono informazioni sulle minacce emergenti, aiutando le organizzazioni a identificare e rispondere proattivamente a potenziali attacchi. Queste informazioni possono migliorare le strategie di difesa.

Conclusione

Le domande e le risposte presentate coprono vari aspetti della cybersecurity, affrontando tecnologie, strategie, rischi e misure preventive. Questi argomenti sono essenziali per la formazione e la sensibilizzazione delle aziende e dei professionisti nella protezione delle loro risorse e dati sensibili.